V

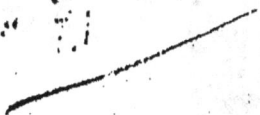

REGLEMENT

TOUCHANT
LA MARINE
DE LA COMPAGNIE
DES INDES.

Arresté en l'assemblée d'Administration
du 16. Septembre 1733.

A PARIS,
DE L'IMPRIMERIE ROYALE

M. DCCXXXIV.

TABLE

DES
TITRES ET ARTICLES
CONTENUS
DANS LE REGLEMENT
TOUCHANT LA MARINE
DE LA COMPAGNIE DES INDES.

TITRE PREMIER.

De la Direction du port de l'Orient.

a ij

T I T R E I I.

Du Corps de la Marine de la Compagnie des Indes.

TABLE. v

TITRE III.

Des Promotions, & des voyes qui feront ouvertes à l'avenir, pour entrer au fervice de la Compagnie.

T I T R E I V.

De l'Instruction & des exercices des Eleves-Pilotins, Enseignes *ad honores*, & Officiers subalternes, & des examens qu'ils devront subir.

T I T R E V.

De ce qui fera obfervé pour parvenir à une entiere connoiffance des fujets dont le corps de la Marine de la Compagnie fera compofé.

TITRE VI.

Des Appointemens, dans la premiere & dans la seconde navigation.

TABLE. ix

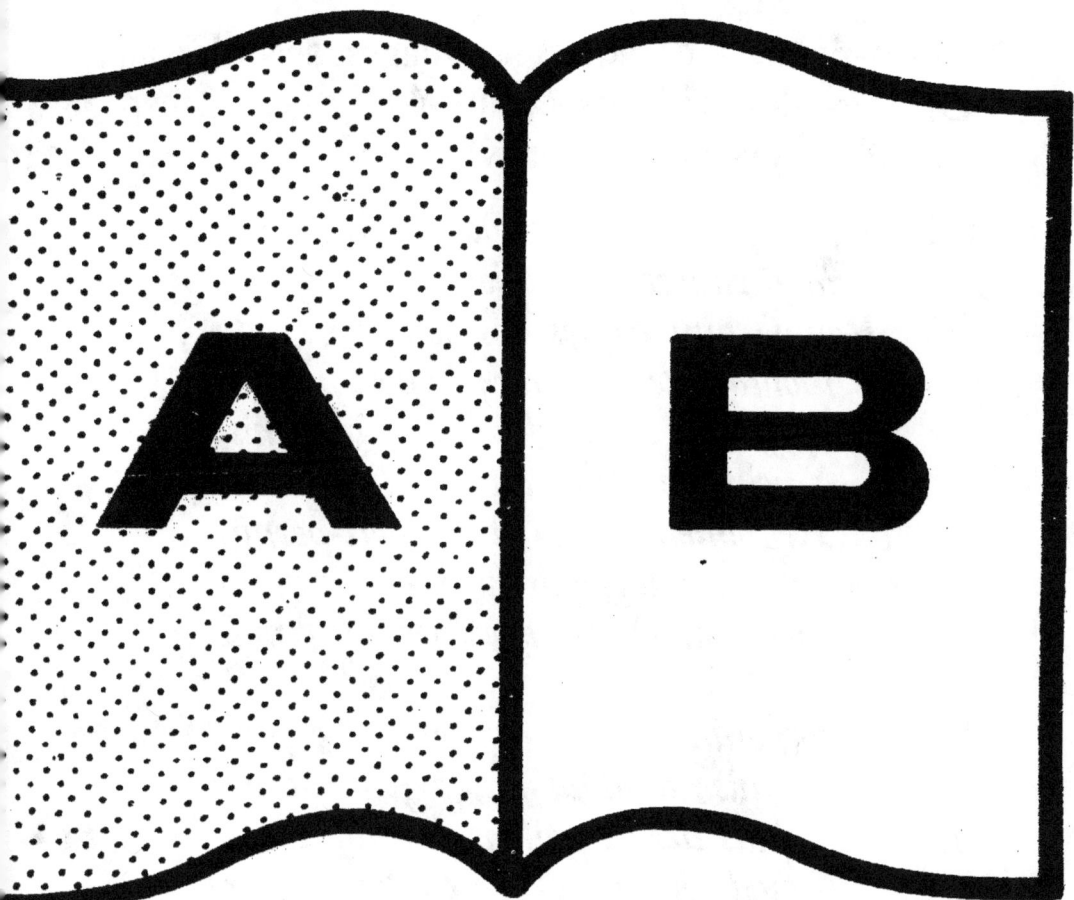

Contraste insuffisant

NF Z 43-120-14

TITRE VII.

Du Port-permis, & autres avantages accordez aux Officiers des vaiſſeaux & aux équipages, dans la premiere navigation.

TITRE VIII.

Des Gratifications qui seront accordées dans la seconde navigation.

ART. I.er *G Ratifications, au lieu de port-permis, dans la seconde navigation.*

TITRE IX.

Des Expeditions annuelles des vaiſſeaux, & des Nominations des Officiers.

TITRE X.

De quelques ufages à mettre en pratique, pour la fûreté de la navigation.

T I T R E   X I.

De la Table des Capitaines.

TABLE.

xv

T I T R E   X I I.

Du Commandement entre les Capitaines, de la fubordi-
nation des Officiers inferieurs aux Officiers fupe-
rieurs ; & de quelques reglemens pour le maintien du
bon ordre dans les vaiffeaux.

TITRE XIII.

De l'execution par les Capitaines, des ordres qui seront équivalents à ceux émanez directement de la Compagnie.

TITRE XIV.

De ce qui doit s'observer à l'Armement des vaisseaux, pour leur expedition, & pendant le cours de la Campagne.

TITRE XV.

Des Inventaires & Estats, lors de l'armement.

TITRE XVI.

Des Chargemens des vaiſſeaux, tant au départ de France, que pour le retour des lieux de leur deſtination.

TITRE XVII.

De l'Arrimage des marchandiſes, & autres choſes compoſant le chargement des vaiſſeaux.

T I T R E   X V I I I.

De l'attention au sujet des vivres lors de l'armement, & pendant le cours de la campagne.

T I T R E   X I X.

Des Avaries sur les vivres & boissons, & notamment des déchets & coulages.

T I T R E   X X.

Des consommations & dépenses.

TITRE XXI.

De ce qui sera observé à l'égard des malades.

TITRE XXII.

T I T R E X X I I.

Des Inventaires des morts.

T I T R E X X I I I.

De diverses Œconomies.

d

T I T R E   X X I V.

De la Route, des relasches, & de differentes précautions à prendre.

TITRE XXV.
Du Defarmement des vaiſſeaux.

TITRE XXVI.

Des Regiſtres à tenir par l'Ecrivain, & des Procès-verbaux.

TITRE XXVII.

Des Connoiſſemens.

TABLE. **xxix**

TITRE XXVIII.
Du Commerce illicite, divers reglemens au même sujet.

TITRE XXIX.

Des Vaisseaux interloppes en particulier, & en general des Prises.

TITRE XXX. & dernier.

De quelques Reglemens generaux.

Fin de la Table.

REGLEMENT

REGLEMENT

TOUCHANT

LA MARINE

DE LA COMPAGNIE

DES INDES.

Arresté en l'assemblée d'Administration du 16. Septembre 1733.

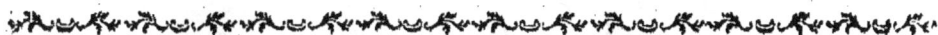

TITRE PREMIER.

De la Direction du port de l'Orient.

ARTICLE PREMIER.

LE port de l'Orient appartenant à la Compagnie des Indes, sera regi suivant les reglemens qu'elle a faits ou pourra faire à l'avenir ; & néantmoins conformement,

A

autant qu'il fera poſſible , & que les circonſtances pourront le permettre , aux Ordonnances du Roy concernant la Marine de Sa Majeſté.

I I.

LE Directeur de la Compagnie des Indes, qui y fait ou y fera dans la ſuite une reſidence actuelle, y commandera ſous l'authorité de la Compagnie ; & il y aura une inſpection generale ſur toutes les opérations de la Marine, dont il tiendra la Compagnie exactement informée.

I I I.

IL ne pourra s'abſenter de ce port. ſans un congé de la Compagnie, qui pourvoira à la nomination de celuy qui devra y commander en ſon abſence.

I V.

TOUS Capitaines, Officiers de vaiſſeaux , & autres au ſervice de la Compagnie, ſeront tenus, eſtant au port de l'Orient, d'y ſuivre les ordres du Directeur commandant dans le port, ou de celuy qui le repreſentera ; & un manquement formel à la ſubordination, ſera puni ſelon l'exigence des cas.

TITRE II.

Du Corps de la marine de la Compagnie des Indes.

ARTICLE PREMIER.

LA navigation generale des vaiſſeaux de la Compagnie des Indes, ſera à l'avenir partagée en deux claſſes, ſous les ſimples dénominations de *PREMIERE* & de *SECONDE NAVIGATION*.

I I.

Sous le titre de *PREMIERE NAVIGATION*, feront compris les voyages

A la Chine.

Au Bengale, ou dans le Gange.

A Pondichery, ou à la cofte de Coromandel.

A Mahé, ou à la cofte de Malabar.

A Moka.

Et enfin aux illes de Bourbon & de France, pour revenir de-là directement en France, avec des chargemens en café & autres denrées du crû de ces illes.

I I I.

La *SECONDE NAVIGATION* comprendra les voyages des vailleaux deftinez

Pour la traite des noirs à l'ille de Madagafcar, & leur tranfport aux illes de Bourbon & de France, ou ailleurs.

Pour le tranfport des noirs, de la cofte de Guinée aux illes Françoiles de l'Amerique.

Pour le tranfport des noirs, du Senegal aux mêmes illes.

Pour le Senegal, & faire de-là leur retour en France avec des cargaifons de gomme.

Et enfin pour tous les lieux, autres que ceux qui ont efté défignez dans le département de la premiere navigation.

I V.

Il y aura pour le fervice de chaque navigation, un nombre competent de vailleaux entretenus, du port depuis quatre cens cinquante jufqu'à fix cens tonneaux, pour la premiere ; & pour la feconde, du port feulement depuis deux cens jufqu'à trois cens cinquante tonneaux, indépendamment de quelques autres baftimens d'un moindre port, pôur l'une ou pour l'autre : Et le Directeur de la Compagnie, commandant au port de l'Orient, veillera foigneufement à ce que le nombre des vaiffeaux qui fera fixé par la Compagnie, puiffe eftre complet en tout temps.

V.

L'ESTAT-MAJOR des vaiffeaux de la premiere navigation, fera à l'avenir compofé

    D'un Capitaine.
    D'un premier Lieutenant.
    D'un fecond Lieutenant.
    D'un premier Enfeigne.
    D'un fecond Enfeigne.
    D'un Enfeigne furnumeraire.
    D'un E'crivain.
    D'un Aumofnier.
    Et d'un Chirurgien-Major.

Et il n'y aura d'Enfeigne *ad honores*, que fur les vaiffeaux fur lefquels la Compagnie jugera à propos d'en placer chaque année. Dans les cas néantmoins où il pourra convenir de fortifier l'Eftat-Major, il fera augmenté d'un ou de plufieurs Officiers, fans apporter aucun changement au nombre des grades.

V I.

IL y aura fur les vaiffeaux de la feconde navigation :

Pour l'ifle de Madagafcar, & pour la cofte de Guinée.

    Un Capitaine.
    Un premier Lieutenant.
    Un fecond Lieutenant.
    Un Enfeigne & E'crivain.
    Un Enfeigne furnumeraire.
    Un Aumofnier.
    Et un Chirurgien-Major.

L'Eſtat-Major des vaiſſeaux *pour le Senegal & les iſles Françoiſes de l'Amerique,* ſera fixé ſur le même pied.

Mais pour les navires au-deſſous du port de deux cens tonneaux, qui s'expedieront pour d'autres deſtinations que celles qui viennent d'eſtre ſpecifiées, on retranchera le ſecond Lieutenant & l'Enſeigne ſurnumeraire dans l'Eſtat-Major: il n'y aura même ſur les navires d'un moindre port, qu'un Commandant, tiré du corps des premiers Lieutenans, un Lieutenant, tiré du corps des ſeconds Lieutenans, & un Enſeigne & Écrivain; & les plus petits baſtimens n'auront qu'un ſecond Lieutenant pour les commander, avec un Enſeigne & Écrivain.

V I I.

LE nombre des Capitaines & autres Officiers pour chaque navigation, ſera égal au nombre des vaiſſeaux qui aura eſté arreſté par la Compagnie des Indes; & c'eſt ſur ce pied fixe, qu'elle formera pour ſa marine, un corps d'Officiers de tous grades, tant ſuperieurs qu'inferieurs, en y comprenant les Enſeignes ſurnumeraires.

V I I I.

DANS l'eſtat d'Officiers qui ſera dreſſé pour la premiere navigation, il ſera obſervé, à l'égard des Capitaines actuellement au ſervice, de placer par préference ceux qui auront eſté reçûs à l'Amirauté en qualité de Maiſtres, ou qui auront eû des commiſſions de Monſeigneur l'Amiral, & de les y ranger en ſuivant indiſtinctement l'ordre des jours & dates de leurs lettres de maiſtriſe, ou de leurs commiſſions; & de regler enſuite le rang des autres Capitaines, ſans égard aux brevets d'entretien que la Compagnie a cy-devant délivrez, ſuivant leur ancienneté à ſon ſervice, & le nombre des campagnes qu'ils auront faites en qualité de Capitaines, en préferant néantmoins le nombre des campagnes en cette qualité; & en obſervant au ſurplus, de ne conſiderer une campagne de Capitaine dans la ſeconde navigation de la Compagnie,

que comme une campagne de premier Lieutenant dans
la premiere; comme aussi néantmoins, de faire valoir deux
campagnes de second Capitaine ou de premier Lieutenant, dans la premiere navigation, sur le pied d'une campagne de Capitaine: & en consequence de la confection de
cet estat, il sera délivré à chaque Capitaine un nouveau brevet
d'entretien, en marge duquel sera fait mention par les syndics
& directeurs de la Compagnie, des jour & date de sa lettre
de reception à l'Amirauté, ou de sa commission de Monseigneur l'Amiral, ou enfin de son ancienneté au service,
reglée conformement au present article.

I X.

LE même estat contiendra les noms des premiers Lieutenans, des seconds Lieutenans, des premiers Enseignes,
des seconds Enseignes, & des Enseignes surnumeraires de
la premiere navigation; & chacun d'eux y aura son rang,
suivant son ancienneté au service de la Compagnie, combinée en la maniere qui vient d'estre prescrite, avec le nombre
de ses campagnes en la derniere qualité sous laquelle il devra
y estre placé; en observant, conformement au même article,
de ne compter une campagne de Capitaine dans la seconde
navigation, que sur le pied d'une campagne de premier
Lieutenant dans la premiere; & suivant les mêmes regles,
une campagne de premier Lieutenant, pour une campagne
de second Lieutenant; une de second Lieutenant, ou simplement de Lieutenant, pour une de premier Enseigne;
une de premier Enseigne, pour une de second Enseigne;
une de second Enseigne, ou simplement d'Enseigne, pour
une d'Enseigne surnumeraire ou d'Ecrivain; sans admettre
au surplus de distinction entre la premiere & la seconde navigation, pour toutes campagnes faites cy-devant sous les
differentes qualitez de troisieme ou de quatrieme Enseignes,
d'Enseigne *ad honores*, de Pilotin ou de volontaire; comme

auffi de ne compter deux années de fervices rendus fur les
vaiffeaux d'Inde en Inde, en qualité de Commandant, que
pour une campagne de fecond Lieutenant dans la premiere
navigation; en qualité de Lieutenant, que pour une campagne de premier Enfeigne, & en qualité d'Enfeigne, que
pour une campagne d'Enfeigne furnumeraire ou Ecrivain,
fans avoir égard au fervice qui auroit efté fait en toute autre
qualité: & il leur fera délivré à tous, jufqu'aux feconds Enfeignes inclufivement, des brevets d'entretien, du jour &
date defquels le rang fera à l'avenir & demeurera eftabli
entr'eux: quant aux Enfeignes furnumeraires de la premiere
navigation, ils feront placez dans l'eftat, chacun à fon rang,
des jour & date de leur entrée au fervice en cette qualité.

X.

IL fera auffi formé un eftat des Capitaines, premiers Lieutenans, feconds Lieutenans, Enfeignes qui feront en même
temps Ecrivains, & Enfeignes furnumeraires de la feconde
navigation : ils y feront placez, chacun à fon rang, fuivant
fon ancienneté au fervice de la Compagnie, combinée
comme cy-deffus, avec le nombre de fes campagnes en la
derniere qualité qui doit lui eftre affignée dans l'eftat ; en
obfervant de compter les campagnes de ceux qui pourroient
avoir navigué fur des vaiffeaux de la premiere navigation,
ou d'Inde en Inde, fur le pied porté par l'article précedent;
& ils auront rang entr'eux en chaque grade, des jour & date
de leur commiffion.

XI.

L'ESTAT general des Officiers du corps de la marine de
la Compagnie des Indes, fera & demeurera compofé des
deux eftats cy-deffus ; & il ne pourra y eftre apporté aucun
changement, pour quelque caufe ou raifon que ce puiffe
eftre, que dans les cas où il s'agira de pourvoir aux places
vacantes.

TITRE III.

*Des Promotions, & des voyes qui seront ouvertes
à l'avenir, pour entrer au service
de la Compagnie.*

ARTICLE PREMIER.

TOus les Officiers seront avancez, chacun à son rang, & de l'employ d'Enseigne surnumeraire, monteront successivement & par degrez, aux places vacantes dans la premiere navigation, de second & de premier Enseignes, de second Lieutenant, de premier Lieutenant & de Capitaine; & dans la seconde navigation, à celles d'Enseigne & E'crivain, de second Lieutenant, de premier Lieutenant & de Capitaine: à l'exception néanmoins de ceux dont la Compagnie, pour des raisons à elle connuës, estimera devoir differer l'avancement.

II.

QUE si, lors des promotions, la premiere navigation manque de sujets capables de remplir quelques places vacantes, & qu'il se trouve des sujets d'un merite distingué dans la seconde navigation, un Enseigne & E'crivain de la seconde navigation pourra en ce cas remplacer un second Enseigne; un second Lieutenant, un premier Enseigne; un premier Lieutenant, un second Lieutenant: mais les Capitaines pourront parvenir en tout temps au rang de premier Lieutenant de la premiere navigation, en observant néantmoins que sans égard à l'ancienneté, ce sera seulement une récompense attachée aux services réels qu'ils auront rendus à la Compagnie à differents égards, & notamment dans le transport des Noirs du Senegal, de la coste de Guinée ou de Madagascar, & dans la vente de ces Noirs aux Isles Françoises de l'Amerique.

III.

ON pourra auſſi quelquefois, pour remplir une place de ſecond Enſeigne dans la premiere navigation, ou d'Enſeigne en même temps Ecrivain dans la ſeconde, faire choix d'un Ecrivain de vaiſſeau, d'un Maiſtre, ou d'un premier Pilote de la premiere navigation, qui après de longs & de fidelles ſervices ſera reconnu pour eſtre ſuperieur à ſon employ, & meriter à ce titre une diſtinction particuliere.

IV.

LA vacance des places parmi les Enſeignes ſurnumeraires, par promotion ou autrement, ſera à l'avenir la ſeule voye pour eſtre admis & incorporé au ſervice de la Compagnie, dans la premiere ou dans la ſeconde navigation.

V.

LES places d'Enſeigne ſurnumeraire, qui viendront à vaquer dans la premiere navigation, ſeront déférées aus jeunes gens qui auront ſervi la Compagnie en qualité d'Enſeigne *ad honores*, ou d'Eleve-Pilotin, d'une condition au-deſſus des pilotins ordinaires, & qui par leur application & leur bonne conduite feront concevoir d'eux les meilleures eſperances.

VI.

LES mêmes Eleves-Pilotins, les plus ſages & le plus au fait de leur meſtier, rempliront, par préference, les places d'Enſeigne ſurnumeraire, vacantes dans la ſeconde navigation ; & à leur défaut, elles ſeront données à ceux qui, ayant déja navigué en qualité d'Enſeigne ſur d'autres vaiſſeaux que ſur les vaiſſeaux de la Compagnie, voudront ſe dévoüer entierement à ſon ſervice ; après néantmoins avoir eſté examinez par le maiſtre d'Hydrographie entretenu au port de l'Orient, & en avoir obtenu un certificat de capacité, viſé du Directeur commandant dans le Port.

B

VII.

IL ne fera embarqué d'Enfeigne *ad honores* & d'Eleve-Pilotin, que fur les vaiffeaux de la premiere navigation, & que fix Enfeignes *ad honores*, & trois Eleves-Pilotins, au plus, chaque année, & même un moindre nombre, proportionné aux remplacemens qui feront à faire.

VIII.

LES enfans dont les peres feront morts après avoir rendu de longs & d'utiles fervices à la Compagnie, principalement en qualité de principaux Officiers de fa Marine, feront nommez, par preference à tous autres, aux places d'Enfeigne *ad honores*, ou d'Eleve - Pilotin : Les enfans de ceux qui ferviront actuellement avec diftinction, feront enfuite preferez dans le choix ; lequel enfin tombera fur les plus proches parens des mêmes perfonnes, en obfervant néantmoins que chaque famille, à fon rang, ait part à cette faveur ; deforte qu'il ne pourra eftre reçû d'autres jeunes gens, qu'au défaut de ceux qui viennent d'eftre défignez ; & il n'en fera admis aucun, s'il n'eft d'une famille honorable, & qu'il ne rapporte des certificats d'une bonne éducation.

IX.

CEUX qui deftineront quelqu'un de leurs enfans ou de leurs parens au fervice de la Compagnie des Indes, en qualité d'Enfeigne *ad honores* ou d'Eleve - Pilotin, s'abftiendront de le propofer à la Compagnie, jufqu'à ce qu'il foit affez inftruit des principes de la navigation, pour pouvoir foûtenir l'examen du maiftre d'Hydrographie entretenu au port de l'Orient, & en obtenir un certificat qui le declare capable d'y faire du progrès ; fans lequel certificat, qui fera vifé du Directeur commandant au port de l'Orient, ils doivent s'attendre de la part de la Compagnie au délay de fon embarquement.

X.

LA date du fervice d'un Enfeige *ad honores*, ou d'un Eleve-Pilotin, commencera du jour qu'il aura efté embarqué,

TITRE IV.

De l'inftruction & des exercices des Eleves-Pilotins, Enfeignes ad honores, *& Officiers fubalternes, & des examens qu'ils devront fubir.*

ARTICLE PREMIER.

INDEPENDAMMENT des leçons que le maiftre d'Hydrographie, entretenu au port de l'Orient, fera tenu d'y donner à l'avenir le matin & le foir à des heures fixes, le Directeur commandant dans le Port fera choix de quelque Maiftre des vaiffeaux, premier Pilote, & autre principal Officier-marinier, dans le nombre de ceux qui fe trouveront à terre, pour y faire chacun des leçons fur ce qui fera de fa profeffion, pareillement à des heures fixes & marquées. Il nommera fucceffivement un Capitaine, un premier Lieutenant ou un fecond Lieutenant, pour prefider en fon abfence à chaque école, & luy rendre compte tant de l'attention des maiftres à bien enfeigner, que de l'application de ceux qui doivent eftre affidus aux leçons qui y feront faites. Et il s'attachera au furplus à mettre en pratique, & à faire executer dans le Port, autant qu'il fera poffible, les articles contenus dans le livre dix-neufvieme de l'Ordonnance du Roy de 1689. concernant la même matiere.

I I.

LE Maiftre & le premier Pilote de chaque vaiffeau de la premiere navigation, eftant à la mer, donneront chaque jour pendant le cours de la campagne, lorfque le temps pourra le permettre, quelques inftructions touchant leur profeffion, & eû égard aux circonftances actuelles, en faveur des Eleves-Pilotins, Enfeignes *ad honores*, Enfeignes furnumeraires, feconds & premiers Enfeignes; & ce, aux heures indiquées par le Capitaine, & en sa presence, ou en celle du premier ou du second Lieutenant, qu'il commettra pour y assister.

III.

Les Enseignes *ad honores*, & les Eleves-Pilotins seront assidus, tant qu'ils resteront dans le Port, aux leçons des differens maîtres; & auront une particuliere attention à se former aux differens exercices, & à toutes les connoissances qui peuvent les mettre en estat de se rendre utiles à la Compagnie; en se conformant sur ce point, autant qu'il sera possible, au plan prescrit aux Gardes de la marine dans le livre septieme titre premier de l'Ordonnance de 1689. Il leur est prescrit, estant à la mer, de faire leurs observations concernant la navigation, & au retour de chaque campagne de les presenter au Directeur commandant dans le port, qui chargera le maître d'Hydrographie d'en faire l'examen, & de leur faire remarquer ce qu'elles auront de bon & de défectueux.

IV.

Tous Enseignes *ad honores*, ou Eleves-Pilotins, qui auront entierement negligé de donner à la fin de leurs campagnes, & durant leur sejour dans le port, conformément à l'article precedent, des preuves de leurs progrès dans la navigation, & dans les autres connoissances & exercices qui en dépendent, seront exclus pour toûjours du service de la Compagnie. L'exclusion ne pourra estre suspenduë, que dans le cas où il y aura lieu d'en esperer plus d'application à s'instruire sur le fait de la navigation, qu'ils continuëront en consequence, indistinctement les uns & les autres, en la simple qualité d'Eleve-Pilotin.

V.

Aucun Enseigne *ad honores*, ou Eleve-Pilotin, ne pourra estre promû au grade d'Enseigne surnumeraire, que sur les bons témoignages, & sur les certificats du Capitaine fous lequel il aura fervi, du maiftre d'Hydrographie qui luy fera fubir un nouvel examen, & du Commandant dans le port de l'Orient, qui fe fera, à cet effet, rendre compte de leur affiduité, & de leur application aux leçons des differens maiftres.

VI.

LES regles qui feront fuivies & obfervées à l'égard des Enfeignes *ad honores,* & des Eleves-Pilotins, pour parvenir à décider s'ils doivent eftre exclus du fervice, s'il y a lieu à l'indulgence de quelque délay, ou s'ils meritent d'y eftre admis en qualité d'Enfeignes furnumeraires, ferviront de loy à l'égard des Enfeignes furnumeraires, lorfqu'il s'agira de prononcer fur leur avancement; & ils ne feront admis au rang de fecond Enfeigne dans la premiere navigation, ou d'Enfeigne & E'crivain dans la feconde, que fur le compte qui fera rendu à la Compagnie de leurs obfervations dans le cours de leurs voyages, du bon ufage de leur féjour eftant à terre au port de l'Orient, du foin affidu qu'ils auront apporté à s'y former fous les differens maiftres, aux differentes connoiffances qui leur font neceffaires; & qu'aprés avoir efté de nouveau examinez par le maiftre d'Hydrographie, & fur les certificats non-feulement du maiftre d'Hydrographie, mais encore des Capitaines fous lefquels ils auront fervi, & du Commandant dans le port de l'Orient.

VII.

LES premiers & les feconds Enfeignes de la premiere navigation, comme auffi les feconds Lieutenans, & les Enfeignes & E'crivains de la feconde navigation affifteront regulierement, lorfqu'ils feront au port de l'Orient, aux leçons qui doivent y eftre faites ; & le Commandant dans le port fe fera rendre compte de leur exactitude en ce point effentiel, & décifif pour leur avancement dans le fervice.

VIII.

LES examens prefcrits cy-deffus, fe feront en prefence

du Directeur commandant au port de l'Orient, lorsqu'il voudra y assister ; mais il nommera necessairement deux personnes de confiance, Capitaines, premiers Lieutenans, ou seconds Lieutenans de la premiere navigation, pour y presider en son absence, & luy en rendre compte.

TITRE V.

De ce qui sera observé pour parvenir à une entiere connoissance des sujets, dont le corps de la Marine de la Compagnie sera composé.

ARTICLE PREMIER.

IL est expressément ordonné aux Capitaines de vaisseau, au retour de chaque campagne, de donner, en leur ame & conscience, le plus de connoissance qu'ils pourront au Directeur de la Compagnie des Indes, commandant dans le port de l'Orient, du caractere, des mœurs, des bonnes qualitez & des deffauts, & principalement des talens pour la navigation, de l'application & de l'intelligence, non seulement des Enseignes *ad honores,* & Eleves-Pilotins, mais encore de tous les Officiers qu'ils auront eû à bord, & même de la conduite des Ecrivains, Aumosniers, Chirurgiens, & principaux Officiers mariniers ; afin que sur le rapport des Capitaines, & par les connoissances qui pourront luy venir d'ailleurs, il soit en estat de purger la Marine de la Compagnie des Indes, de tous mauvais sujets, en Ecrivains, Aumosniers, Chirurgiens, & autres subalternes ; & de former les notes particulieres & secrettes, concernant tous Eleves-Pilotins, Enseignes *ad honores,* Enseignes surnumeraires, Enseignes & Ecrivains, seconds & premiers Enseignes, seconds & premiers Lieutenans, qu'il doit envoyer au Syndic ou Directeur, chargé du département de la Marine de la Compagnie à Paris, pour y avoir recours en cas de besoin, & principalement lorsqu'il s'agira de promotion dans l'une ou dans l'autre navigation.

I I.

IL sera au même effet ordonné, aussi très-expressément, au Gouverneur de Pondichery, & à tous autres Gouverneurs, Directeurs generaux, chefs des comptoirs, & préposez en chef à la direction des affaires ou à la correspondance de la Compagnie, de donner par des lettres particulieres, adressées au Syndic ou Directeur chargé du département de la marine, les plus amples éclaircissemens sur la bonne ou sur la mauvaise conduite des Officiers, & notamment de chaque Capitaine.

I I I.

LE Directeur commandant au port de l'Orient, s'informera exactement, suivant le même plan, si les Lieutenans, & les Enseignes auront rempli avec assiduité & intelligence, estant à la mer, & dans le cours de leur campagne, les fonctions dont ils sont chargez en leurs qualitez respectives; & sur toutes choses, s'ils ont tenu régulierement un journal de navigation, suivant l'Article XVI. du Titre IX. du livre premier de l'Ordonnance de 1689. Il se fera aussi rendre compte de leur conduite lorsqu'ils seront à terre & dans le port, & de leur application ou de leur negligence à se perfectionner dans le service. Il observera particulierement si les Capitaines, lorsqu'ils seront au port de l'Orient, s'attachent à s'instruire sur le fait des constructions; s'ils sont presens au radoub & à la carene des vaisseaux qu'ils doivent commander, & s'ils cherchent à se mettre bien au fait de leurs bonnes & mauvaises qualitez, suivant les Articles III. VI. & VIII. du Titre VII. du livre premier de l'Ordonnance de 1689. Il s'informera de leur conduite estant à la mer, & pendant le cours de leur campagne, & principalement de l'execution de ce qui est porté par les Articles XXII. XXIII. XXIV. XXIX. & XLVI. du même Titre de la même Ordonnance, pour parvenir à donner au retour de chaque voyage, dans un extrait de leur navigation qu'ils adresseront à la Compagnie, une connoissance précise des routes, des moüillages, & du vaisseau dont ils auront eû le commandement. Il observera pareillement si le premier Lieutenant, lorsqu'il sera nommé sur quelque vaisseau, apporte, estant au Port de l'Orient, la même attention que le Capitaine à la suite des operations de l'armement, & à l'execution que la Compagnie luy prescrit de l'Ordonnance de 1689. notamment en ce qui est énoncé dans le present article.

TITRE VI.

Des appointemens, dans la premiere & dans la seconde navigation.

ARTICLE PREMIER.

LEs Capitaines, les premiers & les seconds Lieutenans, ainsi que les premiers & les seconds Enseignes de la premiere navigation, seront entretenus par la Compagnie des Indes, tant à terre qu'à la mer : & il leur sera delivré à cet effet des brevets d'entretien, signez des Syndics & Directeurs de la Compagnie, scellez de son sceau, & visez de Monseigneur le Controlleur general des finances.

II.

Il y aura dans la même navigation un nombre compétant d'Écrivains, d'Aumosniers & de Chirurgiens majors, & même de maistres & de premiers Pilotes, s'il est possible, entretenus par la Compagnie tant à terre qu'à la mer : Mais leurs noms seront seulement inscrits dans un registre,

qui

qui fera tenu fous les ordres du Directeur commandant au port de l'Orient ; auquel feul appartiendra le choix des fujets pour ces differentes places.

III.

LES Capitaines, autres Officiers, Ecrivains, Aumofniers, Chirurgiens majors, enfemble les maiftres & les premiers Pilotes de la premiere navigation, joüiront & feront payez par mois des appointemens qui fuivent.

	A la mer.	A terre.
Le Capitaine aura	200.ℓ	100.ℓ
Le premier Lieutenant.	120.	60.
Le fecond Lieutenant.	90.	45.
Le premier Enfeigne.	60.	30.
Le fecond Enfeigne.	50.	25.
L'Ecrivain	50.	25.
L'Aumofnier.	30.	15.
Le Chirurgien major.	45.	22. 10.ſ
Comme auffi le Maiftre	45.	22. 10.
Et le premier Pilote	45.	22. 10.
	735.	367. 10.

IV.

LEURS appointemens de mer & de terre commenceront à courir, fçavoir, ceux de mer, du jour que les vaiffeaux appareilleront de la rade de Groix ; Et ceux de terre, après la revüe qui fera faite au retour des vaiffeaux dans le port de l'Orient, le même jour de leur arrivée.

V.

LES appointemens ne feront payez à terre, qu'à ceux qui feront, & pour le temps qu'ils auront fait un féjour fixe dans le port de l'Orient ; hors dans le feul cas qu'ils vinffent à s'abfenter par ordre exprès, & pour le fervice de la Compagnie en d'autres lieux. Ne pourront néantmoins, pour

C

quelque cauſe ou raiſon que ce puiſſe eſtre, quitter le port de l'Orient ſans congé du Directeur commandant dans le port.

V I.

ILs joüiront de leurs appointemens, ſoit à terre ſoit à la mer, tant qu'ils ſeront au ſervice de la Compagnie, dont elle pourra les exclurre pour raiſons à elle connuës, notamment pour celles contenuës en differens articles du preſent reglement. Et les Brevets d'entretien ſeront, à l'égard de ceux à qui Elle en aura delivré, & demeureront nuls & de nul effet, à compter du jour de leur excluſion.

V I I.

LEs Capitaines & autres Officiers de la ſeconde navigation, ne ſeront point entretenus: ils n'auront d'appointemens que pour le temps qu'ils ſeront à la mer, & ſeront payez par mois,

S Ç A V O I R.

Le Capitaine, ſur le pied de.	150.ℓ
Le premier Lieutenant, de.	120.
Le ſecond Lieutenant, de.	90.
Et l'Enſeigne, lequel ſera en même temps	
Ecrivain, de.	60.
	420.

Et leurs appointemens commenceront à courir du jour que les Vaiſſeaux appareilleront de la rade, pour finir après la revûë qui doit ſe faire à leur retour, le même jour de l'arivée des vaiſſeaux au port de l'Orient.

V I I I.

LEs Enſeignes ſurnumeraires n'auront point d'appointemens: la Compagnie les fera ſeulement nourrir à ſes frais, à la table des Capitaines, pendant le cours de leur campagne.

I X.

LEs Enſeignes *ad honores*, & les Eleves-Pilotins, ſeront auſſi ſans appointemens. Quant à leur ſubſiſtance pendant

la campagne, les Enseignes *ad honores* payeront leur nourriture à la table des Capitaines, suivant le prix qui sera reglé
cy-après ; & les Eleves-Pilotins seront nourris aux dépens
de la Compagnie, sur le même pied que les maistres &
premiers Pilotes, & mangeront avec eux.

TITRE VII.

*Du Port-permis, & autres avantages accordez aux
Officiers des vaisseaux & aux équipages, dans
la premiere navigation.*

ARTICLE PREMIER.

IL sera accordé dans la premiere navigation, un port-
permis de six mille six cens piastres par vaisseau (sauf une
augmentation proportionnée, dans le cas de quelque Officier
de plus dans l'Estat-Major,) pour estre reparti ainsi & de la
maniere qui ensuit.

DANS L'ESTAT-MAJOR.

	Piastres
Au Capitaine	3300.
Au premier Lieutenant, ...	1100.
Au second Lieutenant, ...	660.
Au premier Enseigne, ...	330.
Au second Enseigne, ...	220.
A l'Enseigne surnumeraire, ...	110.
A l'Enseigne *ad honores,*	55.
A l'E'crivain, ...	220.
A l'Aumosnier, ...	110.
Au Chirurgien-Major, ...	165.
Comme aussi au Maistre, ...	165.
Et au premier Pilote.	165.
	6600. Piastres.

Les Officiers de l'Eſtat-Major, & autres, ſeront tenus, à leur arrivée au lieu de la deſtination de chaque vaiſſeau, de remettre à la caiſſe du comptoir, en piaſtres effectives & de poids, le montant de la ſomme qui doit former leur intereſt dans le port-permis; ſans qu'aucun d'eux puiſſe exceder ſon port-permis, à peine de confiſcation de l'excedent au profit de la Compagnie des Indes: & pour valeur du montant du port-permis, le caiſſier donnera à chacun d'eux un récepiſſé, contenant la quantité de piaſtres avec leurs poids & titre; lequel recepiſſé ſera viſé à Pondichery, dans le Bengale, à Mahé, & à l'iſle de Bourbon, par les Conſeils des lieux; à Moka, par le directeur & les employez du comptoir; & à la Chine, par ceux qui y ſeront ſpecialement chargez de la direction du commerce de la Compagnie: & ceux qui n'auront pas remis le montant de leur port-permis à la caiſſe des comptoirs, ſeront privez de l'avantage de cette permiſſion. Que ſi quelqu'un de ceux à qui la Compagnie accorde un port-permis, vient à mourir avant qu'il ait pû en remettre le fonds à la caiſſe du comptoir pour lequel le vaiſſeau ſera deſtiné, nul autre ne pourra ſe mettre en ſon lieu & place, ſous peine de confiſcation au profit de la Compagnie, de la ſomme remiſe à la caiſſe pour remplir le vuide de ce port-permis: mais ſi, lors de la confection de l'inventaire du deffunt, il s'y trouve de quoy faire en piaſtres effectives, le fonds de ſon port-permis, il en ſera fait employ pour le compte de ſa ſucceſſion, en ſuivant par l'écrivain, au nom du deffunt & pour le même compte, les formalitez énoncées au preſent article; & il en ſera dreſſé Procès-verbal, lequel ſera ſigné du Capitaine & des autres Officiers du bord: le tout, ſous peine de repondre, tant par le Capitaine que par l'Ecrivain, de la léſion qui pourroit s'en ſuivre du deffaut de cet employ; le montant de laquelle ſera pris & prélevé par égale portion, ſur ce qui devra leur revenir de leur port-permis, tant en capital qu'en benefice.

III.

L'EMPLOY de tous les fonds remis par les Officiers des Eſtats-Majors & autres, ſera fait par les Conſeils des lieux, ou par ceux qui ſeront chargez à la Chine ou à Moka, de la direction des affaires de la Compagnie des Indes, comme fonds appartenant à la Compagnie ; & ces fonds ſeront confondus dans la maſſe generale des achapts de marchandiſes qui compoſeront le chargement des vaiſſeaux.

IV.

QUATRE mois après la vente generale des marchandiſes qui doivent former les cargaiſons de retour, dans leſquelles le port-permis aura eſté incorporé, & en remettant à la Compagnie par les Officiers des Eſtats-Majors & autres, les recepiſſez des caiſſiers des comptoirs en la forme mentionnée cy-deſſus, il leur ſera payé à chacun le capital de ſon port-permis, dont l'évaluation ſera faite ſur le pied du cours des piaſtres dans les Hoſtels des monnoyes du Royaume, au jour que chaque vaiſſeau ſera parti de France pour le lieu de ſa deſtination ; enſemble le benefice que ce capital aura produit, à proportion de la ſomme qu'il repreſentera dans le montant du port-permis de tous les vaiſſeaux, & eû égard à celle que le montant du port-permis des vaiſſeaux en total repreſentera dans la totalité des cargaiſons : deſorte qu'en ſuppoſant que dans la ſomme totale, à quoy monteront les differentes factures des achapts des chargemens des vaiſſeaux de retour, tant de la Chine que de Pondichery, du Bengale, de Mahé, de Moka, & de l'iſle de Bourbon, le port-permis des differens vaiſſeaux, réüni en un ſeul total, en forme le vingtieme ou le trentieme, le vingtieme ou le trentieme du benefice de la vente totale des marchandiſes des cargaiſons, appartiendra aux Officiers des Eſtats-Majors des vaiſſeaux & autres, pour raiſon du port-permis, & ſera reparti entre-eux à proportion de la ſomme pour laquelle chacun y aura dû participer, à la déduction ſeulement de l'eſcompte qui ſera

accordé fur les marchandifes aux adjudicataires des ventes, & de deux pour cent pour frais des ventes. Ne devant les Officiers des Eftats-Majors des vaiffeaux, & autres, pour raifon du port-permis, entrer en aucuns frais d'armement ou autres generalement quelconques, ni au furplus fupporter aucunes non-valeurs fur le produit des ventes.

V.

AU cas qu'il refte dans la vente d'une année, des marchandifes invenduës, dont la vente foit remife à l'année fuivante, elles feront évaluées au même prix que les marchandifes des mêmes fortes auront efté venduës, à la déduction de dix pour cent pour le délay de la vente, & en outre de l'efcompte ; afin que la Compagnie puiffe, comme fi la vente en eût efté faite, folder tous les ans le compte du port-permis de chaque retour, & le payer en conféquence.

V I.

QUE fi quelqu'un de ceux qui devront participer à la repartition du port-permis, vient à eftre nommé pour s'embarquer avant que la folde en foit arreftée, & que le payement puiffe en eftre fait, il fera payé de fon capital, en attendant le payement de la folde du benefice que ce capital-aura produit; lequel payement fe fera, comme il a efté dit cy-deffus, au pluftard quatre mois après la clofture de la vente generale.

V I I.

LES Officiers de l'Eftat-Major & autres, courront le rifque de leur port-permis, fur le vaiffeau fur lequel ils feront embarquez à leur départ de la Chine ou des Indes; & en cas de perte du vaiffeau, ils perdront leur capital, & feront exclus de toute repartition.

V I I I.

OUTRE ce port-permis, chaque Eftat-Major, le Maiftre & le premier Pilote des vaiffeaux deftinez pour Pondichery, le Bengale & la Chine , auront la faculté de remettre à la caiſſe des comptoirs les ſommes cy-après.

SÇAVOIR,

Le Capitaine	300. Piaſtres
Le premier Lieutenant	100.
Le ſecond Lieutenant	60.
Le premier Enſeigne	30.
Le ſecond Enſeigne	20.
L'Enſeigne ſurnumeraire	10.
L'Enſeigne *ad honores*	5.
L'Ecrivain	20.
L'Aumoſnier	10.
Et le Chirurgien	15.
Comme auſſi le Maiſtre	15.
Et le premier Pilote	15.

Total par Vaiſſeau (ſauf une augmentation proportionnée, dans le cas de quelque Officier de plus dans l'Eſtat-Major.) } 600. Piaſtres.

Pour eſtre ces ſommes employées juſqu'à concurrence , par les Conſeils des lieux, ou les perſonnes qui y ſeront chargées de la direction des affaires de la Compagnie des Indes, conformément aux eſtats qui leur en ſeront remis à l'arrivée de chaque vaiſſeau, par le Capitaine qui les aura ar-reſtez & ſignez, conjointement avec le premier Lieutenant & l'Ecrivain, à *Pondichery* & dans le *Bengale*, en toiles pro-pres à faire du linge de table, & autres à l'uſage des Officiers cy-deſſus, en mouchoirs, dont le nombre pour une même perſonne ne pourra excéder le nombre de cent quarante-quatre, ou de douze douzaines; & en autres choſes à leur gré, & pareillement à leur uſage, à l'exception toutefois des marchandiſes prohibées dans le Royaume : & à la *Chine*, en thez divers, porcelaines & autres choſes, à la même exception, qui pourront pareillement estre à leur gré & à leur usage. Il sera fait des estats particuliers de toutes ces marchandises, lesquelles relativement à ces estats, seront remises & distribuées à chacun d'eux, à leur arrivée en France, à la déduction néantmoins de ce qui pourra leur en avoir esté delivré sur leur demande, & pour leurs besoins indispensables, avant leur départ de Pondichery, du Bengale, ou de la Chine, & dont ils auront en consequence signé le reçû en émargement sur ces estats particuliers. Et pour faire participer tous les gens de l'équipage à une grace proportionnée à celle accordée à l'Estat-Major, & aux Maistre & premier Pilote de chaque vaisseau destiné pour Pondichery, le Bengale & la Chine, les caisses des comptoirs feront, en faveur de chacun de ceux qui en composeront l'équipage, à raison d'environ deux mois de leurs gages & salaires, l'avance des sommes cy-après,

SÇAVOIR,

Pour un Contre-Maistre, de . . . . 12. Piastres.
Pour un Bosseman, de . . . . 12.
Pour un Maistre de chalouppe ou de canot, de 8.
Pour un Quartier-Maistre, de . . . . 8.
Pour un second Pilote, de . . . . 12.
Pour un Ayde-Piloté, de . . . . 8.
Pour un Eleve-Pilotin, quoyqu'il n'ait point
    de gages, de . . . . 5.
Pour un Pilotin ordinaire, de . . . . 4.
Pour un Maistre-Canonnier, de . . . . 15.
Pour un Ayde-Canonnier, de . . . . 8.
Pour un Maistre-Charpentier, de . . . . 12.
Pour un Compagnon-Charpentier, de . . . . . . 6.
Pour un Maistre-Calfat, de . . . . 12.
Pour un Ayde-Calfat, de . . . . 6.
Pour un Maistre-Voilier, de . . . . 12.

Pour

Comme cy contre

Pour un Ayde-Voilier, de	6. Piaftres.
Pour un Capitaine-d'armes, de	8.
Pour un Ayde-Chirurgien, de	10.
Pour un Armurier, de	8.
Pour un Tonnelier, de	8.
Pour chaque Matelot, de	6.
Pour chaque Valet, de	4.
Pour un Sergent, de	6.
Pour un Caporal, de	4.
Pour chaque Soldat, de	3.
Et pour chaque Mouffe, de	2.

Lefquelles fommes feront employées par les Confeils des lieux, ou les perfonnes qui y auront la direction des affaires de la Compagnie, conformément aux eftats qui leur en feront remis à l'arrivée de chaque vaiffeau, & qui auront efté dreffez fuivant les demandes des gens de l'équipage, & arreftez par le Capitaine, conjointement avec le premier Lieutenant & l'Ecrivain ; à *Pondichery* & au *Bengale*, en toiles communes pour chemifes, pieces de guinguans, fteinquerques communes, mouchoirs communs, & autres chofes à leur ufage, ce qui fera mis en un ou plufieurs ballots, pour la repartition leur en eftre faite à leur retour, mais feulement lors du payement de la folde de leurs décomptes au port de l'Orient ; ou a *la Chine*, en thez de cargaifon, dont il fera fait pareillement une ou plufieurs caiffes, & dont les quantitez leur feront remifes à leur retour, & lors du payement de la folde de leurs décomptes, fuivant ce qui devra en appartenir à chacun, à proportion de l'avance que la Compagnie fe propofe d'en faire en leur faveur, pour ne s'en rembourfer qu'en déduction de ce payement.

D

IX.

QUANT aux vaisseaux, destinez pour Mahé, Moka, & les isles de Bourbon & de France, chaque personne de l'Estat-Major pourra remettre à la caisse des comptoirs, de quoy faire acheter & charger pour son compte.

SÇAVOIR,

	à Mahé, en Poivre.	à Moka, en Café.	à l'isle de Bourbon, en Café du crû de l'Isle.
Le Capitaine,	1800.ℓ pesant	1200.ℓ pesant	900.ℓ pesant
Le premier Lieutenant,	600.	400.	300.
Le second Lieutenant,	360.	240.	180.
Le premier Enseigne,	180.	120.	90.
Le second Enseigne,	120.	80.	60.
L'Enseigne surnumeraire,	60.	40.	30.
L'Enseigne *ad honores,*	30.	20.	15.
L'Ecrivain,	120.	80.	60.
L'Aumosnier,	60.	40.	30.
Et le Chirurgien,	90.	60.	45.
	3420.	2280.	1710.
Comme aussi le Maistre,	90.	60.	45.
Et le premier Pilote,	90.	60.	45.
Total par Vaisseau (sauf l'augmentation de quelque Officier dans l'Estat-Major.)	3600.	2400.	1800.

Et les Caisses des comptoirs de Mahé, de Moka, & de l'isle de Bourbon, feront l'avance pour les gens de l'équipage, & à compte de leurs salaires.

SÇAVOIR,

	à Mahé, en Poivre.	à Moka, en Café.	à l'isle de Bourbon, en Café du crû de l'isle.
Pour un Contre-Maistre, de	72. ℔ pesant	48. ℔ pesant	36. ℔ pesant
Pour un Bosseman, de . .	72.	48.	36.
Pour un Maistre de chalouppe ou de canot, de	48.	32.	24.
Pour un Quartier-Maistre, de	48.	32.	24.
Pour un second Pilote, de .	72.	48.	36.
Pour un Ayde-Pilote, de .	48.	32.	24.
Pour un Eleve-Pilotin, quoy-qu'il n'ait point de gages, de	30.	20.	15.
Pour un Pilotin ordinaire, de	24.	16.	12.
Pour un Maistre-Canonnier, de . . . , . , ...	90.	60.	45.
Pour un Ayde-Canonnier, de	48.	32.	24.
Pour un Maistre-Charpentier, de	72.	48.	36.
Pour un Compagnon-Charpentier, de	36.	24.	18.
Pour un Maistre-Calfat, de . .	72.	48.	36.
Pour un Ayde-Calfat, de . .	36.	24.	18.
Pour un Maistre-Voilier, de	72.	48.	36.
Pour un Ayde-Voilier, de .	36.	24.	18.
Pour un Capitaine-d'armes, de	48.	32.	24.
Pour un Ayde-Chirurgien, de	60.	40.	30.
Pour un Armurier, de . . .	48.	32.	24.
Pour un Tonnelier, de . . .	48.	32.	24.
Pour chaque Matelot, de .	36.	24.	18.

Comme de l'autre part	à Mahé, en Poivre.	à Moka, en Café.	à l'Isle de Bourbon, en Café du crû de l'Isle.
Pour chaque Valet, de . .	24.ℓℓ pesant	16.ℓℓ pesant	12.ℓℓ pesant
Pour un Sergent, de . . .	36. . .	24. . .	18.
Pour un Caporal, de . . .	24. . .	16. . .	12.
Pour chaque Soldat, de .	18. . .	12. . .	9.
Et pour chaque Mousse, de	12. . .	8. . .	6.

Pour estre ces quantitez, à la déduction de l'avance qui aura esté faite pour le prix d'achapt, remises au retour, mais seulement lors du payement de la solde des décomptes de l'équipage de chaque vaisseau au port de l'Orient, à chacun de ceux à qui elles devront appartenir.

X.

Il sera libre tant aux Officiers de l'Estat-Major & autres, qu'à tous ceux qui formeront l'équipage des vaisseaux, de ne point faire usage de la faveur qui leur est accordée dans les deux precedens articles. Tout Matelot, ou autre des gens de l'équipage, aura même l'option, au retour du vaisseau, de se faire remettre ce qui aura esté chargé pour son compte, ou de l'abandonner à la Compagnie des Indes pour le prix d'achapt.

TITRE VIII.

Des Gratifications qui seront accordées dans la seconde navigation.

ARTICLE PREMIER

Il n'y aura point de port-permis dans la seconde navigation: la Compagnie accordera seulement des gratifications aux Officiers de l'Estat-Major, au Chirurgien-Major, & au Maistre de chaque vaisseau qui sera expedié pour la Traitte des Noirs de Madagascar, de la coste de Guinée, ou du Senegal.

LES Officiers de l'Eſtat-Major & autres, de chaque vaiſſeau deſtiné pour la Traitte des Noirs de Madagaſcar, & le tranſport de ces Noirs aux iſles de Bourbon & de France, ou ailleurs, auront,

Pour les Noirs transferez de l'iſle de Madagaſcar, & introduits vivans aux iſles de Bourbon & de France, ſuivant les certificats des Conſeils des lieux.

SÇAVOIR,

	Par teſte de Noir.	
Le Capitaine.	3.ˡ	
Le premier Lieutenant	15.ˢ . . .	
Le ſecond Lieutenant	10. . . .	
L'Enſeigne & Ecrivain.	7.	6.ᵈ
L'Enſeigne ſurnumeraire	2.	6.
Le Chirurgien-Major.	15. . . .	
Et le Maiſtre.	10. . . .	

Total . 6.ˡ par teſte de Noir.

Et pour les Noirs transferez de l'iſle de Madagaſcar, & introduits vivans en d'autres lieux que les iſles de Bourbon & de France, ſuivant les certificats des perſonnes qui y ſeront chargées des affaires de la Compagnie.

	Par teſte de Noir.		
Le Capitaine.	10.ˡ		
Le premier Lieutenant. . . .	2. . . .	15.ˢ .	
Le ſecond Lieutenant	1. . .	10. .	
L'Enſeigne & Ecrivain. . . .	1. . .	2.	6.ᵈ
L'Enſeigne ſurnumeraire . . .	. . .	7.	6.
Le Chirurgien-Major.	2. . .	15. .	
Et le Maiſtre.	1. . .	10. .	

. . . . 20.ˡ par teſte de Noir.

III.

Pour les Noirs transportez de la coste de Guinée, & introduits vivans aux isles Françoises de l'Amerique, suivant les certificats des Correspondans ou Agens de la Compagnie,

	Par teste de Noir.
Le Capitaine aura.	7.ᶠ . . 10.ᶠ
Le premier Lieutenant.	2. . .
Le second Lieutenant.	1. . . 5.
L'Enseigne & E'crivain. . . .	15.
L'Enseigne surnumeraire. . . .	5.
Le Chirurgien-Major	2. . .
Et le Maistre.	1. . . 5.

15.ˡ par teste de Noir.

IV.

Pour les Noirs transportez du Senegal, & introduits vivans aux isles Françoises de l'Amerique, suivant les mêmes certificats des Correspondans & Agens de la Compagnie,

	Par teste de Noir.
Le Capitaine aura.	5.ˡ
Le premier Lieutenant	1. . . 6.ᶠ
Le second Lieutenant.	. . . 16.
L'Enseigne & E'crivain. . . .	12.
L'Enseigne surnumeraire . . .	4.
Le Chirurgien-Major.	1. . . 6.
Et le Maistre	. . . 16.

10.ˡ par teste de Noir.

V.

LES Capitaines auront en outre un pour cent de gratification sur le montant du prix de la vente de toutes les cargaisons de Noirs, autres que celles qui seront destinées pour les isles de Bourbon & de France, attendu qu'ils seront chargez de la vente des cargaisons aux isles Françoises de l'Amerique, conjointement avec les personnes que la Compagnie y aura préposées à la direction de son commerce, ses agens & correspondans.

V I.

DANS le cas que quelque Officier de l'Estat-Major, ou autre vinst à mourir avant que le vaisseau fust arrivé au lieu de sa destination pour la traitte des Noirs, ou avant que la traitte fust commencée, la gratification par teste de Noir assignée au Capitaine, sera devoluë & appartiendra au premier Lieutenant ; celle du premier Lieutenant, au second Lieutenant ; celle du second Lieutenant, à l'Enseigne & Ecrivain ; celle de l'Enseigne & Ecrivain, à l'Enseigne surnumeraire ; & les gratifications du Chirurgien Major & du Maistre, à ceux qui auront esté substituez aux mêmes fonctions. Que si le Capitaine ou quelque autre Officier, meurt après que la traitte sera commencée, & avant qu'elle soit finie, la moitié de la gratification appartiendra à la succession du Capitaine ou de l'Officier decedé ; & l'autre moitié (si c'est un Officier Major) à celuy du grade immediatement inferieur, par accroissement à la gratification qui luy est assignée ; ou (si c'est un Chirurgien Major ou un Maistre) à celuy qui l'aura remplacé. Quant à l'un pour cent sur le montant de la vente des Noirs, il appartiendra à la succession du Capitaine, ou, à son deffaut, de celuy qui aura fait l'introduction des Noirs au lieu de leur destination, quand même après l'introduction faite, il viendroit à mourir dans le cours de la vente : mais s'il meurt après le commencement & avant la fin de l'introduction, l'un pour cent sera partagé entre les héritiers de celuy qui aura commencé l'introduction, & l'Officier qui se sera trouvé chargé du soin de la finir. Enfin, dans le cas où il y auroit sur un vaisseau deux Officiers du même grade, par exemple, deux seconds Lieutenans, l'un d'eux venant à mourir, sa mort n'apportera aucun changement dans la distribution des gratifications ; & ses héritiers seront seulement payez de sa gratification, en tout ou en partie, suivant ce qui devra leur en appartenir eû égard au temps de son déceds.

V I I.

LES gratifications énoncées dans le Titre present, même celles pour raison du transport & de l'introduction des Noirs de Madagascar aux isles de France & de Bourbon, seront payables en France, au retour de chaque navire au port de l'Orient : mais le payement ne pourra en estre fait, qu'en rapportant par les Capitaines, à la Compagnie des Indes, des certificats de l'introduction, & de la vente des Noirs de leurs cargaisons, comme aussi, si la Traitte leur en a esté commise, des pieces justificatives de leur bonne gestion, le tout en la forme que la Compagnie leur aura prescrite.

T I T R E IX.

Des expeditions annuelles des Vaisseaux, & des nominations des Officiers.

A R T I C L E P R E M I E R.

IL sera dressé chaque année, par la Compagnie des Indes, un projet general des vaisseaux qu'elle se proposera d'armer pour la premiere navigation. Ce projet sera envoyé au Directeur commandant au port de l'Orient, afin qu'il indique les vaisseaux qui pourront estre mis en armement ; & que, sur la réponse de la Compagnie, il se mette en estat d'ordonner, & de presser l'execution pour les temps désignez, de ce qu'elle jugera à propos de luy prescrire à ce sujet.

I I.

LA Compagnie formera pareillement le projet du nombre à peu près de vaisseaux qu'elle sera dans le dessein d'expedier pour la seconde navigation ; & le même plan sera suivi pour l'execution des intentions de la Compagnie.

I I I.

SI la raison d'un evenement imprévû, ou telle autre importante consideration que ce soit, donne lieu au retranchement ou à l'augmentation de quelques vaisseaux, la Compagnie y pourvoira par des ordres particuliers.

I V.

LES listes generales des Capitaines & Officiers subalternes qui devront monter les vaisseaux, jusqu'aux Enseignes *ad honores,* inclusivement, dans la premiere navigation, & jusqu'aux Enseignes surnumeraires, aussi inclusivement, dans la seconde, seront arrestées par la Compagnie, & envoyées au Directeur commandant au port de l'Orient.

V.

A la suite de chaque liste generale, il luy sera pareillement envoyé une liste d'Officiers surnumeraires, au nombre de deux en chaque qualité.

V I.

LA destination des Officiers, qui aura esté faite par les listes de la Compagnie, ne pourra estre changée, pour quelque raison & sous quelque prétexte que ce soit, sans son ordre exprès. Et dans les cas de maladie, d'absence, ou d'autres empeschemens légitimes de la part des Officiers nommez pour s'embarquer, il sera pourvû à leur remplacement suivant la liste des surnumeraires.

V I I.

TOUT Officier, quel qu'il puisse estre, Capitaine ou autre, qu'une raison légitime empeschera de s'embarquer, ne pourra estre nommé ni servir que l'année suivante, en la même qualité & pour la même navigation qui luy estoient deſtinées. Mais hors dans les cas énoncez au precedent article, il ſera tenu ſous peine d'excluſion du ſervice, de ſüivre la deſtination qui luy ſera preſcrite.

VIII.

LES Capitaines & Officiers ſubalternes qui ſeront à terre, donneront, ceux de la premiere navigation dans le mois de Juin, & ceux de la ſeconde dans le mois d'Avril de chaque année, de leurs nouvelles au département de la marine de la Compagnie des Indes à Paris, & marqueront s'ils ſont en eſtat de ſervir, & où la Compagnie doit leur adreſſer ſes ordres en cas de beſoin. Ceux qui y auront manqué, ne ſeront point employez ſur les liſtes de la même année ; & s'ils laiſſent paſſer deux années conſecutives, ſans que la Compagnie entende parler d'eux, ils ſeront cenſez eſtre décedez, ou avoir volontairement quitté le ſervice, & en conſequence leurs noms ſeront oſtez de l'eſtat general.

TITRE X.

De quelques uſages à mettre en pratique pour la ſûreté de la navigation.

ARTICLE PREMIER.

LA Compagnie s'eſtant propoſé de pourvoir de plus en plus à la ſûreté de ſa premiere navigation , & de prévenir à cet effet le riſque auquel des rembarquemens précipitez expoſent la ſanté de ſes Officiers ; les Capitaines & autres Officiers des vaiſſeaux de cette navigation, qui chaque année rentreront les derniers dans le port de l'Orient, feront tous, ſans exception, un ſéjour d'un an à terre, & ne ſeront compris que ſur les liſtes de l'année ſuivante. Ne ſeront pareillement compris que ſur les liſtes de l'année ſuivante, tous Capitaines & autres Officiers de la premiere navigation, qui bien qu'arrivez des premiers, auront au retour de leur campagne demandé pour raison du restablissement de leur santé ou autres causes légitimes, & ausquels la Compagnie aura accordé le séjour d'une année à terre.

II.

IL sera aussi observé dans la seconde navigation, de mettre un intervalle de six mois entre deux campagnes, à moins que la Compagnie n'en ordonne autrement; & d'avoir, pour les mêmes causes, les mêmes égards pour les demandes que les Officiers pourront faire d'un séjour à terre.

III.

IL sera apporté, en formant les listes, la plus serieuse attention à nommer successivement les Officiers subalternes, jusqu'aux seconds Lieutenants inclusivement, aux differentes navigations de la premiere ou de la seconde classe, dans laquelle chacun d'eux sera enregistré; afin qu'ils puissent les avoir parcouruës, & les connoistre toutes, avant que de parvenir aux places de premier Lieutenant ou de Capitaine.

IV.

IL sera ordonné que dans le nombre des vaisseaux de la premiere navigation, chacun des Capitaines en ait un qui luy soit specialement affecté, dont le commandement luy sera confié à la mer, & à l'entretien & conservation duquel il soit tenu de donner toute son attention lorsqu'il l'aura ramené dans le port, & tant que luy-même y fera volontairement son séjour. Il sera recommandé au Directeur commandant dans le port, d'attacher pareillement au service de chacun de ces vaisseaux un Maistre & un premier Pilote, qui ne puissent s'en séparer que par des ordres superieurs, ni estre transferez sur un autre qu'en des cas & pour des raisons indispensables.

V.

NÉANTMOINS, comme le commandement pour les differents voyages de la premiere navigation, doit rouler

indiſtinctement entre les Capitaines, ſi la Compagnie le juge
à propos ; & qu'il pourroit arriver qu'un Capitaine ſeroit
nommé pour un voyage auquel ſon vaiſſeau ne conviendroit
pas, & qu'au contraire un autre Capitaine en auroit beſoin
pour ſa campagne ; en ce cas les deux Capitaines monteront pour cette campagne, l'un le vaiſſeau de l'autre, après
qu'ils ſe ſeront inſtruits reſpectivement par écrit, de ce que
chacun aura reconnu de la force de ſon navire, de ſa
maniere à porter la voile, de ſon ſillage, de la quantité de
pieds d'eau qu'il tire, & generalement de ſes deffauts ainſi
que de ſes bonnes qualitez. Mais les Maiſtre & premier
Pilote attachez à chaque vaiſſeau, en ſuivront, ſans un em-
pêchement légitime, la deſtination ſous les ordres de ceux
des Capitaines qui en auront le commandement.

V I.

DANS le cas où la Compagnie ſe verroit dans la neceſſité de confier à un Capitaine le commandement d'un
vaiſſeau, pour une navigation qui luy ſeroit nouvelle ; on
aura une particuliere attention à luy donner un premier
Lieutenant au moins, qui en ait connoiſſance : il luy ſera
en outre fourni des archives du port de L'Orient, un journal d'une pareille navigation, s'il s'y en trouve. Et il luy ſera
au ſurplus très-expreſſement recommandé de ne ſe déterminer ſur la route qu'il devra tenir, qu'après avoir conſulté les
trois principaux Officiers de ſon vaiſſeau, que de l'avis de
deux d'entre eux, & qu'en conſequence de la déliberation
qui ſera priſe & ſignée de tous en bonne forme ; pour
eſtre cette deliberation repreſentée à la Compagnie au retour
du voyage, ſans quoy le Capitaine ſera reſponſable de tous
évenemens, & s'ils apportent quelque préjudice aux intereſts
de la Compagnie, il ſera exclus du ſervice.

V I I.

TOUS Officiers nommez, en quelque qualité que ce
ſoit, ſur les vaiſſeaux de la Compagnie, ne pourront, pour

quelques raiſons, ni ſur quelques ordres que ce puiſſe eſtre, quitter le vaiſſeau & le ſervice auxquels ils ſeront aſſectez par leur nomination, qu'à leur retour en France, & lorſque leur campagne ſera entierement finie ; ſous peine de conſiſcation de leurs appointemens, au profit de la Compagnie, enſemble de leur port-permis en capital & benefice, ou de leurs gratifications : Et il eſt très expreſſement enjoint aux Conſeils, Directeurs generaux, & autres perſonnes prépoſées en chef à la direction des affaires de la Compagnie aux Indes, à la Chine, ou ailleurs, de tenir exactement la main à l'execution du preſent article.

TITRE XI.

De la Table des Capitaines.

ARTICLE PREMIER.

LEs Capitaines qui ſeront nommez au commandement des vaiſſeaux, tant dans la premiere que dans la ſeconde navigation, ſeront chargez de tenir une table à bord, à leurs frais ; laquelle commencera du jour de la derniere revûë qui ſera faite avant le départ des vaiſſeaux, & finira au jour de la revûë qui ſera faite à l'arrivée des vaiſſeaux au port de l'Orient.

II.

IL ſera payé aux Capitaines vingt-cinq ſols par jour pour la nourriture de chacun des Officiers ou Paſſagers, qui devront eſtre nourris à la table aux dépens de la Compagnie des Indes ; & quinze ſols, pareillement par jour, pour toute autre perſonne qui devra eſtre nourrie à l'office aux mêmes frais.

III.

DANS le nombre de ces paſſagers ſeront compris tous

E iij

Employez, auxquels la Compagnie accordera gratuitement le paſſage ſur les vaiſſeaux, tant pour eux, que pour leur femme, enfans & domeſtiques. Ce paſſage gratuit ne pourra néantmoins leur eſtre accordé que deux fois pour chaque perſonne, l'une pour ſe rendre au lieu de ſa deſtination, & l'autre pour ſon retour en France ; à moins que ce ne fût pour quelque voyage entrepris ſur un ordre précis, & pour le ſervice de la Compagnie.

I V.

SERONT auſſi compris dans le nombre de ces paſſagers, tous Miſſionnaires de la nation Françoiſe.

V.

TOUS autres paſſagers, à qui la Compagnie en France, & les Conſeils, Gouverneurs, Directeurs generaux, ou Chefs de ſes comptoirs, aux Indes ou ailleurs, permettront de s'embarquer ſur ſes vaiſſeaux, à condition de payer leur paſſage aux Capitaines, & toutes les perſonnes mentionnées en l'article III. cy-deſſus, qui auront joüi de la faveur des deux paſſages gratuits qui leur ſeront accordez, ſeront tenus de payer par teſte aux Capitaines, quarante ſols par jour pour la nourriture à la table, & vingt-quatre ſols auſſi par jour pour la nourriture à l'office. Et il eſt très expreſſement deffendu aux Capitaines de rien exiger au de-là du prix fixé, ſous peine de reſtitution du quadruple, & de plus grande s'il y échet.

V I.

NE pourront les Capitaines refuſer, ſous peine de deſobéïſſance, l'embarquement de quelque perſonne que ce puiſſe eſtre, qui en aura obtenu la permiſſion aux termes du precedent article : Mais la Compagnie entend que s'il ſe trouve dans le même lieu pluſieurs de ſes vaiſſeaux, & pluſieurs perſonnes à qui l'on ait accordé le paſſage, la répartition des paſſagers ſe faſſe ſur les differens vaiſſeaux, le plus également qu'il ſe pourra.

V I I.

IL est fait de très-expresses deffenses à tous Capitaines, de prendre à bord aucun passager ni volontaire pour estre nourri, même à leurs propres frais, à la table ou à l'office, sans une permission par écrit, soit de la Compagnie des Indes, avant leur départ de France, soit des Conseils, Gouverneurs, Directeurs generaux, ou Chefs des comptoirs aux Indes ou ailleurs, à peine de mille livres de retenuë sur leurs appointemens, & de plus grande s'il y échet.

V I I I.

LA Compagnie n'accordera que rarement aux seuls Capitaines, & en faveur de leurs plus proches parens, l'embarquement d'un volontaire par vaisseau. Et une ou plusieurs campagnes en qualité de volontaires, ne pourront s'attirer d'autre attention de la part de la Compagnie, que de donner à ceux qui les auront faites, la preference pour des places d'Enseigne *ad honores,* toutes choses se trouvant d'ailleurs égales, suivant ce qui est prescrit par l'article VIII. du Titre III. du present reglement.

I X.

SERA tenu chaque Capitaine de se munir avant son départ, de tous ustensiles de table & de cuisine, sans pouvoir en exiger de l'Ecrivain, ni sans que l'Ecrivain puisse luy en fournir, sous quelque prétexte que ce soit, à peine de restitution du quadruple de la valeur, & même de plus grande peine selon l'exigence des cas. Fait la Compagnie très-expresses deffenses aux Capitaines, de rien prendre ni retenir, tant sur les vivres, boissons & rafraichissemens, destinez pour l'équipage & pour les malades, que sur les vivres & boissons embarquez pour cargaison, ni de se faire donner dans les lieux de relâche, ou ailleurs, aux dépens de la Compagnie, aucune chose pour leur table; comme aussi aux Ecrivains de rien fournir de la calle, pour la table des Capitaines, sous quelque prétexte & pour quelque raison que ce puisse estre,

à peine contre les contrevenans de la perte & confiscation,
au profit de la Compagnie, de leurs appointemens, & de
tout ce qu'elle pourra leur devoir, soit pour leur port-permis & pacotille particuliere, dans la premiere navigation,
soit pour gratifications dans la seconde; & en outre, de l'exclusion du service.

X.

IL est aussi, sous les mêmes peines d'exclusion du service,
& de perte & confiscation au profit de la Compagnie,
d'appointemens & de toutes gratifications, très-expressement
deffendu aux Capitaines de la seconde navigation, d'embarquer ni eau-de-vie, ni fer, ni aucune sorte de marchandises,
pour leur compte particulier, en quelque petite quantité
que ce soit, & sous quelque prétexte que ce puisse estre,
même sous celuy de pouvoir traiter dans la concession du
Senegal, à la coste de Guinée & à l'isle de Madagascar, de
quoy se procurer pour leur table, les vivres & rafraichissemens necessaires. A quoy néantmoins estant convenable de
pourvoir en quelque autre maniere, la Compagnie enjoint
aux Conseils des isles de Bourbon & de France, & aux Directeurs generaux ou particuliers à la coste de Guinée, &
dans la concession du Senegal, de fournir à chaque Capitaine les vivres & rafraichissemens dont le besoin sera establi
& demeurera pour constant, d'en dresser, & de luy en faire
signer un estat apprecié sur le pied qu'ils seront traitez à
Madagascar, ou au plus bas prix de la coste du Senegal ou
de Guinée, le montant duquel il sera tenu de payer à la
Compagnie, au retour de sa campagne.

X I.

LES Capitaines n'embarqueront en boissons pour leur table, que les quantitez necessaires; ils seront tenus d'en donner
un estat au Directeur commandant au port de l'Orient,
si l'embarquement s'en fait en France; ou, s'il convient
mieux à leurs interests, d'en faire l'achat & l'embarquement

à

à Cadix ou ailleurs, ils ne manqueront pas d'en fournir aux correspondans de la Compagnie, leur declaration par duplicata, contenant la quantité de vins qu'ils auront prise pour la consommation de leur table pendant la campagne.

TITRE XII.

Du commandement entre les Capitaines, de la subordination des Officiers inferieurs aux Officiers superieurs ; & de quelques reglemens pour le maintien du bon ordre dans les vaisseaux.

ARTICLE PREMIER.

L'ORDRE prescrit par les Articles VIII. & X. du Titre second du present Reglement, pour assigner aux Capitaines le rang qu'ils doivent avoir sur les estats de la Compagnie, servira de regle pour fixer le commandement entre eux. En consequence, tous Capitaines de la premiere navigation, actuellement au service de la Compagnie des Indes, qui auront esté reçûs à l'Amirauté, ou qui auront eû des commissions de Monseigneur l'Amiral, auront à la mer & dans les ports & rades, le commandement sur tous autres Capitaines de la Compagnie, suivant indistinctement l'ancienneté de la date de leurs lettres de reception à l'Amirauté, ou de leurs commissions de Monseigneur l'Amiral ; laquelle date, les Syndics & Directeurs de la Compagnie auront constatée par émargement sur les nouveaux brevets d'entretien qui seront delivrez. A leur deffaut le commandement appartiendra, suivant l'ancienneté au service, aux autres Capitaines qui la servent actuellement ; tous ceux qui parviendront à l'avenir au même grade, ne devant avoir de rang, ni prétendre de commandement, qu'après les Capitaines actuellement au service, & que des jour & date de leurs brevets d'entretien. Quant aux Capitaines de la seconde navigation, ils n'auront de commandement entre eux, que des jour & date de leur ancienneté au service de la Compagnie, en cette qualité.

II.

TOUT Capitaine commandant un ou plusieurs vaisseaux de la Compagnie des Indes, qui, venant à rencontrer à la mer un Capitaine à qui le commandement devra estre cedé & appartenir suivant les regles qui viennent d'estre establies, aura manqué à se ranger sous son pavillon, & à naviguer sous ses ordres tant qu'il fera la même route, sera & demeurera exclus du service. Ne pourra toute fois le Capitaine ayant la priorité du commandement, sans encourir la même peine, le détourner de sa route, hors dans le cas d'ordres précis de la Compagnie pour cet effet.

III.

EN cas de rencontre dans les ports & rades, aucun Capitaine ne pourra refuser, sous peine d'exclusion du service, de recevoir l'ordre de celuy auquel il sera tenu de remettre en entier le commandement de son vaisseau, ou de ceux qu'il commandera; mais ne pourra le Capitaine revêtu du commandement, empêcher, aussi sous la même peine, celuy qui sera à ses ordres, de partir quand celuy-cy le trouvera à propos, pour l'execution de ses instructions, après toute fois avoir averti son superieur du jour & de l'heure de son départ.

IV.

LES Capitaines de la seconde navigation, feront, dans le cas de rencontre, soit à la mer ou dans les ports & rades, subordonnez en la maniere & sous les peines énoncées dans les deux précédens articles, à tout Commandant d'un ou de plusieurs vaisseaux de la premiere navigation, Capitaine ou autre. Néantmoins, le service des deux navigations

demeurera diſtinct & ſéparé, ſans pouvoir eſtre meſlé ni con-
fondu en aucun cas; de ſorte qu'un Officier de la premiere
navigation, ne pourra eſtre employé dans la ſeconde, qu'il
n'y ſoit transferé pour toûjours par ordre de la Compagnie,
ni un Officier de la ſeconde, ſervir dans la premiere, que
l'entrée ne luy en ait eſté ouverte, ſuivant l'Article II. du
Titre III. touchant les promotions.

V.

TOUT Officier inferieur, contre lequel il ſera prouvé
d'avoir manqué en un fait eſſentiel au ſervice, ſoit à la mer
ou à terre, pendant le cours de la campagne, à l'execution
des ordres d'un Officier ſuperieur, ſera & demeurera exclus
du ſervice. Les deſobéïſſances de moindre importance ſeront
punies ſelon l'exigence des cas, par l'interruption du ſervice pendant quelque temps, ou le délay de l'avancement.
Et les perſonnes qui compoſeront l'Eſtat-Major des vaiſſeaux
de la Compagnie des Indes, enſemble le Maiſtre & le premier Pilote, ſeront tenus, ſans qu'il leur ſoit permis de s'en
diſpenſer pour quelque cauſe ou ſous quelque prétexte que
ce puiſſe eſtre, de dépoſer de la deſobéïſſance, & d'aider à
en conſtater la preuve, lorſqu'ils en ſeront requis par les
Capitaines ou autres Officiers ſuperieurs.

VI.

LES principaux marchands, ſous-marchands & commis,
que la Compagnie fera embarquer ſur ſes vaiſſeaux deſtinez
pour la Chine, y ſeront logez, le principal marchand
immédiatement après le commandant, par préférence à
tous les autres Officiers du bord, le ſous-marchand ou l'un
d'eux, s'ils ſont pluſieurs, après le premier Lieutenant, &
les autres devant le premier Enſeigne, & le commis après
le ſecond Enſeigne & devant l'Enſeigne ſurnumeraire. Tous
autres Capitaines ſuivront les ordres qui leur ſeront preſ-
crits, ſoit en France par la Compagnie ou le Directeur
commandant dans le port de l'Orient, ou aux Indes &

ailleurs par les Conseils, Gouverneurs, Directeurs generaux, & Chefs des comptoirs, concernant le logement qui
devra estre donné aux employez & autres passagers qui seront embarquez à bord des vaisseaux. Et il sera très-expressément recommandé aux Capitaines, non seulement d'avoir
pour les principaux marchands, sous-marchands, employez
& passagers de distinction, principalement d'un sexe diffe-
rent, & generalement pour tous autres employez ou passagers, les égards ou les attentions convenables, mais encore
de leur faire porter consideration par tous les Officiers du
bord, & de punir, selon l'exigence des cas, tous manque-
mens en ce point.

V I I.

LA Compagnie enjoint à ses Capitaines de veiller à
l'execution, autant qu'il sera possible, des articles contenus
dans le Titre III. du livre IV. de l'Ordonnance de 1689.
touchant la police qui doit estre exercée sur les vaisseaux,
tant par rapport au service divin, aux accidens qui peuvent
arriver par le feu, & à l'entretien de la propreté dans le
vaisseau, qu'en ce qui concerne les deffenses d'aller à terre
sans congé du Capitaine, & d'y rester au de-là du temps
porté par son congé, à peine d'interdiction contre les Officiers, & de privation d'un mois de solde contre les matelots; & celles faites au Capitaine allant à terre, de donner
en même temps congé aux deux premiers Officiers du
bord, où il doit au surplus toûjours rester pendant la
campagne au moins les deux tiers des Officiers, à peine
d'interdiction contre le Capitaine.

V I I I.

IL est pareillement enjoint aux Capitaines de ne faire, &
de prendre exactement garde que les Officiers du bord ne
fassent aucun mauvais traitement aux gens de l'équipage,
qui puisse les décourager du service, sous peine de punition
contre les Capitaines & Officiers, selon les circonstances
des faits.

TITRE XIII.

De l'execution par les Capitaines, des ordres qui seront équivalents à ceux émanez directement de la Compagnie.

ARTICLE PREMIER.

INDÉPENDEMMENT des ordres qui feront donnez aux Capitaines des vaisseaux de la Compagnie, soit par elle-même, ou par le Directeur commandant au port de l'Orient, elle entend que sous peine d'exclusion du service, ils executent, & fassent executer par les Officiers & les gens de l'équipage des vaisseaux dont ils auront le commandement, tous les ordres qu'ils recevront des Conseils, Gouverneurs, Directeurs generaux, Chefs des comptoirs, ou autres préposez à la direction des affaires, ou à l'agence & correspondance de la Compagnie dans les Indes, à la Chine, ou ailleurs, comme si ces ordres estoient émanez d'elle directement.

II.

NE pourront les Conseils, Gouverneurs, Directeurs generaux, ou autres, rien prescrire ni commander immédiatement aux Officiers ni aux gens de l'équipage des vaisseaux ; mais ils s'adresseront au Capitaine, qui sera tenu de donner les ordres necessaires.

III.

QUE s'il convient aux Conseils, Gouverneurs, Directeurs generaux & autres, d'envoyer, comme dans le Gange, des Pilotes à bord, avec faculté de commander la manœuvre jusqu'à ce que le vaisseau soit moüillé devant la loge, sans que le Capitaine puisse jusque-là se mesler d'autre chose que de tenir la main à l'obéïssance de son équipage ; la

F iij

Compagnie les y autorife, ainfi qu'à donner tous autres ordres, tant pour la plus grande fûreté de la navigation, qu'à l'occafion du déchargement & du chargement des vaiffeaux, & dans tous les cas où il s'agira du fervice des équipages pour les operations & l'avantage du commerce; faifant la Compagnie très-expreffes deffenfes de les employer dans les lieux du relafche, ou de la deftination des vaiffeaux, à d'autres travaux, ou à l'execution d'autres ordres que ceux qui viennent d'eftre fpecifiez.

I V.

SI néantmoins il furvenoit quelques cas extraordinaires, qui paruffent demander que les Confeils, Gouverneurs, Directeurs generaux & autres, infiftaffent fur des fecours à tirer des gens de l'équipage differens de ceux mentionnez au précédent article, & fur l'execution d'ordres, même contraires aux inftructions de la Compagnie, hors toute fois dans les points fur lefquels elle auroit marqué nettement & précifément fes intentions, tout Capitaine fera tenu de leur obéïr, & de leur faire porter obéïffance; mais il pourra en ces cas extraordinaires, comme en tels autres où il le jugera à propos, faire fes reprefentations, & en requerir acte en bonne & dûë forme.

TITRE XIV.

De ce qui doit s'obferver à l'armement des Vaiffeaux, pour leur expedition, & pendant le cours de la campagne.

ARTICLE PREMIER.

IL eft ordonné à tous Officiers, dont les noms feront compris fur les liftes de chaque année, même en qualité de furnumeraires, de fe rendre au port de l'Orient, fur le premier ordre qu'ils en recevront de la Compagnie, pour le temps qui leur fera marqué ; & paffé le terme de dix jours qui leur fera accordé au de-là de ce temps pour tout délay, il fera pourvû à leur employ fuivant la lifte des furnumeraires.

II.

LE Capitaine nommé au commandement d'un vaiffeau, ne tardera point à fe rendre au port de l'Orient, pour y eftre toûjours prefent au radoub & à la carene, y accelerer fous les ordres du Commandant dans le port, les operations des principaux Officiers Mariniers qui en feront chargez ; regler, fur les mêmes ordres, les fonctions de fes Officiers pendant l'armement de fon Vaiffeau ; & apporter, de l'avis du Maiftre du vaiffeau, qui fera confulté à cet effet, une vigilance particuliere à tout ce qui pourra en concerner la premiere garniture, l'équipement & les rechanges.

III.

LE Vaiffeau eftant armé, il en fera la vifite generale, pour examiner fi tout le contenu en l'inventaire general d'armement, dont luy fera remis copie, & dont il devra figner un double, conjoinctement avec l'Ecrivain, pour refter au port de l'Orient, aura efté fourni & executé dans l'ordre prefcrit par le Directeur commandant dans le port.

IV.

IL fe conformera à l'eftat d'armement, qui aura efté arrefté par le Directeur commandant dans le port, fuivant les intentions de la Compagnie, à laquelle cet eftat fera envoyé après le départ du vaiffeau, fans pouvoir demander rien au de-là de ce qui y fera contenu.

V.

L'ECRIVAIN tiendra un rolle exact, des noms & furnoms des gens dont l'équipage du vaiffeau fera compofé ; les fignalera tous ; marquera le jour que la folde aura commencé, fur quel pied elle doit eftre payée à chacun, & les avances qui leur auront efté faites.

VI.

LE Capitaine aura soin que l'Ecrivain marque pendant la campagne, les divers changemens qui pourront arriver dans l'équipage, le jour & le lieu de la mort ou de la defertion de ceux qui ne s'y trouveront plus, & le jour de l'entrée de ceux qui pourront eftre pris en remplacement.

VII.

IL eft enjoint à chaque Capitaine de recevoir dans fon bord, en remplacement du nombre d'officiers-mariniers & de matelots, dont les conceffions ou comptoirs auront befoin, & qu'il fera tenu de fournir aux Confeils ou Chefs des lieux, fuivant les ordres qu'il en recevra, tous ceux de pareille qualité ou profeffion, qui y ayant féjourné un temps convenable, devront eftre renvoyez en France; en obfervant de fe renfermer pour cet efchange, dans les termes de la permiffion que le Roy en a accordé à la Compagnie des Indes, fuivant la lettre du Miniftre de la Marine, en date du 3. Octobre 1732. de choifir d'abord à cet effet dans les équipages, tous ceux qui s'offriront de gré à gré; d'en prendre enfuite d'autorité, s'il le faut, pour completer l'efchange, dans le nombre de ceux qui ne feront point mariez, & de ceux, à leur défaut, dont la famille fera la moins nombreufe; & de délivrer à chacun d'eux un décompte en forme, figné de luy & de l'Ecrivain, qui contiendra les avances qu'il aura réçûës en France, les à-comptes qu'il aura pû recevoir depuis, & ce qui pourra luy eftre dû jufqu'au jour de l'efchange & de fon débarquement. Deffend néantmoins la Compagnie très expreffement aux Capitaines, d'entendre à aucun remplacement, fur quelque ordre, ou pour quelque raifon que ce puiffe eftre, qu'il ne luy foit donné non-feulement homme pour homme; mais encore matelot pour matelot, calfat pour calfat, charpentier pour charpentier; deforte qu'il n'arrive aucun changement dans l'eftat d'armement du vaiffeau par rapport à fon

équipage,

équipage, & qu'il fe trouve toûjours compofé du même nombre d'hommes, des mêmes qualitez & profeffions. Et en cas de contravention à ces deffenfes, le Capitaine demeurera refponfable des évenemens, & fera en outre exclus du fervice.

VIII.

IL eft pareillement enjoint à chaque Capitaine, de fournir des foldats de fon bord, à la même condition d'homme pour homme, en échange & remplacement de tous ceux actuellement au fervice de la Compagnie aux Indes ou ailleurs, lefquels après l'expiration du terme de leur engagement demanderont à repaffer en France, & dont en confequence de leur demande le retour ne devra point eftre differé.

IX.

LES remplacemens n'auront lieu que dans le cas des échanges énoncez dans les deux articles precedens, ou, fuppofé une mortalité extraordinaire pendant la campagne, qui exigeroit neceffairement que pour le fervice du vaiffeau, & la fûreté de la navigation, il fût pourvû au remplacement d'officiers ou de matelots; auquel cas il en fera fait des Procès-verbaux, qui feront fignez des Officiers du bord & de tous chefs ou principaux employez de la Compagnie dans les lieux où il y aura eû un befoin indifpenfable d'y pourvoir. Fait la Compagnie très expreffes deffenfes à tous Capitaines, de prendre en aucun autre cas, en quelque lieu que ce foit, de relafche ou autre, aucunes perfonnes en remplacement d'officiers ou matelots qui viendront à mourir dans le cours de la campagne ; & en cas de contravention, il fera retenu au Capitaine, fur ce qui pourra luy eftre dû par la Compagnie, la valeur au quadruple de la dépenfe & de la folde des gens qu'il aura pris en remplacement. Il eft enjoint à l'Ecrivain, fous la même peine, d'empêcher qu'il ne foit contrevenu à ces deffenfes, en prenant la voye

de s'adreſſer à cet effet, en cas de contravention de la part
du Capitaine, aux Conſeils des lieux, ou aux perſonnes
qui y ſeront prépoſées en chef à la direction des affaires
de la Compagnie, afin qu'ils obligent le Capitaine de ſe
conformer à l'ordre établi par la Compagnie à cet égard.

X.

Le Capitaine aura attention de remettre à ſon retour, au
Directeur commandant dans le port de l'Orient, un eſtat
exact de ceux qu'il aura laiſſez en échange dans les conceſ-
ſions & dans les comptoirs de la Compagnie, contenant
leur nom, ſur-nom & âge à l'égard de tous en general, &
en outre pour les Officiers-Mariniers & Matelots, leur va-
cation & leur département.

XI.

Ne pourront eſtre donnez, ni pris en remplacement,
aucuns Matelots ou Soldats invalides, malades, & hors d'eſtat
de faire leur ſervice dans le vaiſſeau. Les Capitaines ſeront
tenus toutefois de les embarquer, comme paſſagers, à la
ration ſeulement & ſans ſolde, & ſans qu'ils puiſſent eſtre
compris, ſous la peine portée par le precedent article, dans
le nombre des gens de l'équipage.

XII.

Ils ſeront pareillement tenus d'embarquer, comme paſſagers à la ſimple ration, tous Matelots & Soldats, dont,
au deffaut d'échanges & de remplacemens, il y auroit de
l'injuſtice, après un certain temps pour les matelots, & le
terme de leur engagement expiré pour les Soldats, à differer le retour en France : Mais ces paſſagers ne pourront
refuſer de faire le ſervice, pour la nourriture ſeulement, &
ſans ſolde, s'ils n'aiment mieux attendre qu'il ſe preſente
l'occaſion de quelque échange & remplacement.

XIII.

Deffend la Compagnie aux Capitaines, d'embarquer
ni de laiſſer embarquer qui que ce ſoit, même à la ſimple

ration, & aux E'crivains de la fournir, fans un ordre par écrit, foit de la Compagnie des Indes avant leur départ de France, foit des Confeils ou perfonnes prépofées en chef aux affaires de la Compagnie aux Indes, ou ailleurs; fous peine contre chacun des contrevenans, de cinq cens livres de retenuë fur ce qui pourra leur eftre dû par la Compagnie. N'entend néantmoins la Compagnie comprendre dans cette deffenfe, les Matelots & Soldats François qu'ils pourroient trouver chez les eftrangers.

XIV.

Au furplus, les Capitaines veilleront, avec la plus grande attention, à ce que pendant le cours des voyages tous Officiers-Majors, E'crivains, Aumofniers, Chirurgiens & Officiers-Mariniers s'acquittent des fonctions qui leur font prefcrites par l'Ordonnance de 1689. tant pour la fûreté de la navigation, qu'à tous autres égards. Chaque Capitaine ordonnera des vifites frequentes de fon vaiffeau, eftant à la mer; en fera d'exactes dans chaque lieu de relafche; & lorfqu'il fera rendu au lieu de fa deftination, fe difpofera pendant fon féjour & avant qu'il en reparte, à mettre par le travail de fes charpentiers & de fes calfats, fon vaiffeau en eftat de faire fon retour, fans autres rifques que ceux que la prudence ne fçauroit prevoir.

TITRE XV.

Des Inventaires & Eftats lors de l'armement.

ARTICLE PREMIER.

L'ECRIVAIN recevra du Directeur de la Compagnie, commandant au port de l'Orient, tous les agrez, apparaux & uftenfiles, armes & munitions de guerre, ordonnez pour le vaiffeau fur lequel il devra eftre eftabli pour fervir en cette qualité. Il en dreſſera un inventaire ; le portera ſur un regiſtre qui luy ſera delivré à cet effet ; & en remettra copie au Directeur commandant dans le port.

II.

Il ſera preſent à la diſtribution qui ſera faite, conformément à l'Article III. du Titre XI. du Livre premier de l'Ordonnance de 1689. aux Officiers-Mariniers du vaiſſeau, de tout ce qui peut regarder leur profeſſion : Et chacun d'eux s'en chargera par inventaire, ſur un regiſtre qui leur ſera delivré à cet effet.

III.

Il luy ſera remis par le Commandant dans le port, un eſtat des remedes ſimples & compoſez, drogues, onguens & uſtenſiles contenus au coffre de Chirurgie.

IV.

Il fera un inventaire, ſeparé des vivres & boiſſons embarquez pour la campagne, & des rafraichiſſemens pour les malades, qu'il portera ſur un regiſtre particulier.

TITRE XVI.

Des Chargemens des vaiſſeaux, tant au départ de France, que pour le retour des lieux de leur deſtination.

ARTICLE PREMIER.

LA Compagnie ſe repoſe entierement ſur les ſoins du Directeur commandant au port de l'Orient, de l'execution de ce qu'elle aura ordonné pour le chargement de toutes les marchandiſes, & autres choſes à embarquer ſur les vaiſſeaux qu'elle doit armer pour leurs differentes deſtinations. Il veillera à ce que l'arrimage s'en faſſe par le Maiſtre de chaque vaiſſeau, en la meilleure maniere, ſous ſes ordres,

& fous les yeux du Capitaine, du premier Lieutenant, & de l'Écrivain, & que les connoiffemens en foient dreffez en la forme convenable.

II.

LORSQU'IL s'agira du chargement des vaiffeaux dans les lieux de leur deftination, pour faire leur retour en France, les Capitaines feront tenus de fuivre en ce point les ordres des Confeils, ou de ceux qui feront prépofez en chef à la direction du commerce dans les differens lieux : Et il y aura toûjours fur le vaiffeau, jufqu'à ce que le chargement foit fait en entier, une des perfonnes du Confeil ou un des employez de la Compagnie, non-feulement pour veiller à l'arrimage qui doit fe faire des marchandifes fous les ordres du Capitaine, & tant en fa prefence qu'en celle du premier Lieutenant & de l'Écrivain, mais encore pour en remettre les factures aux Capitaines, & faire dreffer, en confequence, tous les connoiffemens neceffaires.

III.

TOUT Capitaine qui fe trouvera en eftat de recevoir à bord de fon vaiffeau une plus forte quantité de marchandifes que celle qui y fera deftinée, fera obligé de reprefenter à fon retour, un certificat des Confeils, ou de ceux qui devront l'expedier, contenant leur declaration expreffe de n'avoir pû fournir au de-là de la quantité portée fur les factures & connoiffemens; comme auffi, dans le cas contraire, de leur donner la fienne qu'il eft chargé en entier, & ne peut rien prendre de plus : Et quiconque, en ce dernier cas, foit fur une fauffe declaration, foit même par le deffaut de fon arrimage, ou autrement, ne rapportera pas un chargement proportionné au port de fon vaiffeau, fera & demeurera exclus du fervice.

IV.

LA Compagnie deffend néantmoins très expreffement aux Capitaines, de faire rompre en aucun cas, même pour faciliter l'emplacement d'un plus grand nombre de marchandifes, aucune foute, ni la foffe aux lions, fous peine d'eftre exclus du fervice, & en outre de repondre des évenemens : Et il eft auffi très expreffement enjoint aux Confeils des lieux, ou à ceux qui y feront prépofez en chef à la direction du commerce de la Compagnie, de fe conformer dans les ordres qui pourront émaner d'eux, à la teneur du prefent article.

TITRE XVII.

De l'Arrimage des marchandifes, & autres chofes compofant le chargement des vaiffeaux.

ARTICLE PREMIER.

L'ARRIMAGE des marchandifes fera fait avec la plus grande attention, par le Maiftre du vaiffeau : Il les y arrangera fuivant ce qui fera le plus convenable, foit pour ménager l'emplacement, ou pour les tranfporter bien confervées & fans avarie.

I I.

DANS l'arrimage de toutes les autres chofes portées fur les differens inventaires & eftats cy-deffus, lefquelles feront d'un ufage journalier, & notamment des vivres, boiffons & rafraichiffemens, le Maiftre aura foin que chaque chofe foit placée, non-feulement de maniere à pouvoir fe bien conferver, mais en fon lieu, fans confufion & fans embarras, pour la facilité du fervice & le libre ufage des confommations.

III.

IL ne fera accordé à chaque Maiftre, premier Pilote Maiftre-Canonnier, Maiftre-Charpentier, Maiftre-Calfat & Maiftre-Voilier, d'emplacement dans le vaiffeau, que pour

un coffre de trois pieds & demi de longueur, fur feize pouces
tant de largeur que de hauteur ; & à chaque autre Officier-
Marinier, que pour un coffre de trois pieds de longueur
fur les mêmes proportions ; & les Matelots ne pourront y
avoir qu'un coffre, à deux, de trois pieds & demi de longueur, auffi fur les mêmes proportions tant de largeur que
de hauteur.

I V.

L E Maiftre fera tenu de fe conformer à l'execution des
trois articles precedens : Et pour y tenir la main, le Capitaine, ou à fon défaut, le premier Lieutenant fera toûjours
prefent avec l'E'crivain à l'arrimage de chaque vaiffeau.

TITRE XVIII.

De l'attention au fujet des vivres lors de l'armement, & pendant le cours de la campagne.

ARTICLE PREMIER.

INDEPENDAMMENT de l'attention que le Directeur commandant dans le port de l'Orient, ou les perfonnes
par luy prépofées à la reception des vivres & des boiffons,
doivent apporter à ce qu'il n'en foit reçû que des qualitez
requifes, conformément au Titre II. du livre x. de l'Ordonnance de 1689. & aux ordres particuliers de la Compagnie
au même fujet ; il eft enjoint très-expreffement au Capitaine, au premier Lieutenant, & à l'E'crivain de chaque
vaiffeau, de faire, avant l'embarquement, l'examen des vivres
& l'effay ou déguftation de toutes les boiffons, tant pour
l'équipage que de cargaifon ; de n'en recevoir que de bonne
qualité, & en futailles ou autres vaiffeaux de continence, bien
conditionnez ; & d'en fournir en confequence au Commandant dans le port, leur certificat de reception, avec

l'énonciation précise des qualitez de chaque espece de boissons & de vivres. Il en sera usé de même à l'égard de tous rafraichissemens destinez pour les malades.

II.

L'Ecrivain aura soin d'en faire la visite à la mer, le plus souvent qu'il pourra, & autant que cela sera possible. Mais il ne manquera pas d'en faire une éxacte vérification en arrivant à chaque lieu de relasche, en presence du Capitaine & du premier Lieutenant, qui seront chargez d'y tenir la main, à l'effet de pourvoir à ce qui se trouvera de deffectueux, soit dans les vivres & boissons mêmes, soit dans les futailles, barils & autres vaisseaux de continence, & d'en dresser au préalable des procès-verbaux en forme, sous peine de répondre par eux, chacun par tiers, des déchets, coulages, avaries, & de tous évenemens qui pourroient en arriver.

III.

Dans tous les lieux, pour lesquels il y aura des vivres & boissons destinez, seront faits, à l'arrivée & à bord des vaisseaux, avant que de proceder au débarquement, l'examen des vivres & l'oüillage, de même que la dégustation des boissons, en presence tant des Capitaine, premier Lieutenant & Ecrivain, que des Employez qui seront nommez pour y assister, afin que les quantitez & les qualitez en demeurent constatées. Et les Capitaines, premiers Lieutenans & Ecrivains seront obligez de rapporter au désarmement un certificat de cette formalité, sans quoy ils n'obtiendront aucune décharge des déchets, coulages & avaries, à la reddition de leurs comptes.

IV.

Il leur est principalement ordonné de faire, quinze jours au moins avant le départ des vaisseaux des lieux de leur destination pour leur retour en Europe, la visite & la vérification des vivres qui seront à bord, & d'en representer l'estat aux

Conseils,

Conseils, Gouverneurs, Directeurs generaux, Chefs des comptoirs, ou autres chargez de la direction du commerce & des affaires de la Compagnie aux Indes, à la Chine ou ailleurs, afin qu'au deffaut d'une quantité suffisante de bonne qualité, pour un mois au de-là du temps que doit durer leur navigation s'il s'agit du retour des Indes ou de la Chine, ou pour un moindre temps eû égard à la distance des autres lieux, il y soit suppléé par les Conseils, Gouverneurs, Directeurs generaux & autres, jusqu'à concurrence, pour oster tout prétexte aux Capitaines de relascher pour raison d'un besoin de vivres : & outre le procès-verbal de visite en pareil cas, il sera dressé des estats quadruples des fournitures de supplement, signez de ceux qui les auront ordonnées ; au bas desquels les Capitaines leur en donneront leur reconnoissance ; pour estre un de ces estats envoyé à la Compagnie, & un autre au Directeur commandant au port de l'Orient, les deux autres devant rester, l'un entre les mains de ceux qui auront procuré les fournitures, & l'autre entre les mains du Capitaine.

V.

IL ne sera demandé ni accordé nulle part aucuns vivres que dans ce cas, & dans ceux d'une nécessité indispensable aux lieux de relasche, hors de la viande fraiche pour les équipages. Mais les formalitez des visites, procès-verbaux, & certificats prescrits par le précédent article, seront dans tous les cas nécessairement observées.

V I.

L'EXCLUSION du service sera prononcée contre tout E'crivain qui aura abusé du depost des vivres & boissons de l'équipage, & des rafraichissemens destinez pour les malades, en faveur & par ordre de qui que ce puisse estre, soit en substituant d'autres vivres, boissons & rafraichissemens de qualitez inférieures en pareilles quantitez, ou en quelqu'autre manière que ce soit : mais en outre, tout ce qui pourra estre dû en ce cas à l'E'crivain, pour appointemens, port-permis, ou gratification, fera & demeurera confifqué au profit des gens de l'équipage; pour eftre le montant de la confifcation reparti entre-eux, fuivant la lifte de diftribution qui en fera arreftée par la Compagnie. Les mêmes peines feront prononcées contre tous Capitaines, Officiers fubalternes ou autres, qui auront, par ordre, connivence ou autrement, trempé dans une malverfation fi contraire à la confervation des fujets du Roy, aux interefts de la Compagnie, & à la fûreté de fa navigation.

TITRE XIX.

Des Avaries fur les vivres & boiffons, & notamment des dechets, & coulages.

ARTICLE PREMIER.

DANS les cas, où pendant le cours de la campagne il fe trouvera quelques vivres avariez, l'E'crivain les fera beneficier, s'ils peuvent l'eftre, & les fera confommer les premiers; après néantmoins que par l'examen qui en aura efté fait en prefence du Capitaine & des autres Officiers du bord, & dont il aura efté dreffé procès-verbal, il fera demeuré pour conftant que la confommation n'en fçauroit eftre nuifible à la fanté de l'équipage.

II.

QUE fi le Capitaine, le premier Lieutenant, & l'E'crivain, après leur partance du port de l'Orient, & eftant à la mer, viennent à s'appercevoir ou foupçonnent avec quelque apparence qu'il y ait quelque foute à pain de moüillée, ils auront foin (en obfervant toutefois que l'ouverture puiffe s'en faire fans rifque) d'en faire faire la vifite, &

d'en faire dreffer procès-verbal en prefence des autres Officiers du bord. Et lorfque le vaiffeau fera arrivé au lieu de
fa deftination, tout le pain qui fe trouvera gafté, fera porté
à terre, & ils en prendront un reçû des perfonnes qui y
compoferont le Confeil, ou qui y feront prépofées en chef
à la direction des affaires de la Compagnie. Dans le cas
que, pour les mêmes raifons, il fallût proceder à une fem-
blable vifite, en quelque lieu où le vaiffeau auroit relâché,
ou dans le lieu de fa deftination, ils la feront faire en prefence des autres Officiers du bord, & d'un ou de deux
Employez nommez par les Confeils ou autres perfonnes en
chef pour y affifter, & il en fera dreffé Procès-verbal : Ils
obferveront la même chofe dans leur route pour revenir en
Europe, & ils feront mettre le pain gafté à part, & dans
une foute, s'il s'en trouve de vuide, pour en eftre à leur
arrivée au port de l'Orient la quantité paffée à leur décharge. Ils feront tenus à la même formalité pour tous autres vivres gaftez & corrompus, à l'exception néantmoins
des viandes & poiffons falez dont la corruption peut tirer à
confequence ; & faute par eux d'obferver ou faire obferver
cette formalité, ils en payeront la valeur par égale portion
& par tiers, la Compagnie des Indes ne devant admettre
aucuns procès-verbaux pour raifon de vivres jettez à la mer,
hors dans le cas indifpenfable du jet à la mer des viandes
& poiffons falez qui s'y trouveront gaftez & corrompus.

I I I.

IL ne fera pareillement admis par la Compagnie aucuns
procès-verbaux de déchets & coulages fur tous vivres & fur
toutes boiffons, foit pour équipages ou de cargaifon, hors
néantmoins dans les cas imprévûs, extraordinaires & abfolument forcez. Il fera paffé feulement à l'Ecrivain, lors de
la reddition de fes comptes, pour tous voyages de la premiere navigation, *dix pour cent* fur les vivres & boiffons
embarquez à l'armement : Et fur ce qui en fera pris en

remplacement; fuivant l'article I V. du Titre precedent; pendant le cours de la campagne & pour le retour, *fix pour cent*, fi le remplacement fe fait à la Chine, dans le Bengale, ou à Pondichery; *quatre pour cent*, s'il fe fait à Mahé ou à Moka; *& trois pour cent* feulement, fi c'eft aux ifles de Bourbon & de France. Et dans la feconde navigation, il fera pareillement paffé à l'Enfeigne & E'crivain *dix pour cent* fur les vivres & boiffons embarquez pour tous voyages indifferemment; mais fur ce qui en fera pris en remplacement pendant le cours de la campagne, & pour le retour, *trois pour cent*, fi le remplacement fe fait aux ifles de Bourbon & de France, ou au Senegal & en Guinée, le vaiffeau devant intermediairement fe rendre aux ifles Françoifes de l'Amerique avant fon retour en Europe; ou feulement *deux pour cent*, s'il fe fait au Senegal ou aux ifles Françoifes de l'Amerique, le vaiffeau devant faire enfuite fon retour directement pour France. Et l'excedent des déchets ou coulages fera par égale portion payé par le Capitaine, le premier Lieutenant & l'E'crivain, à cent pour cent au-deffus du prix de l'achat, foit en France, foit ailleurs.

I V.

NE feront néantmoins difpenfez les Capitaines, premiers Lieutenans & E'crivains, de conftater par des procès-verbaux, fignez d'eux & de tous les autres Officiers du bord, les déchets & coulages au-deffous des quantitez fpecifiées dans le precedent article: & faute par eux de les rapporter au defarmement, il leur fera fait retenuë, lors de la reddition de leurs comptes, des fommes à quoy les déchets & coulages feront évaluez, fur les vivres & boiffons tant pour équipages, que faifant partie des cargaifons; dont le tiers fur le compte des E'crivains, & les deux autres tiers par égale portion fur ceux des Capitaines & des premiers Lieutenans, à raifon de cent pour cent au-deffus du prix de l'achat en France ou ailleurs.

TITRE XX.

Des consommations & dépenses.

ARTICLE PREMIER.

L'ECRIVAIN sera toûjours present à la distribution des vivres, sans pouvoir s'en dispenser; & prendra garde qu'elle se fasse conformément aux estats qui en seront arrestez, & à ce qui sera ordonné à ce sujet.

II.

LE Capitaine ou les Officiers de quart sous ses ordres, veilleront à ce qu'il ne s'en fasse aucune dissipation, mais à ce que tout se passe dès les premiers jours, & dans tout le cours de la campagne, (notamment pour la ration d'eau à chaque Matelot) sur le pied que le tout aura esté reglé, suivant les Ordonnances du Roy, & les usages de la mer, sous peine d'estre punis, ainsi que l'Ecrivain qui doit aussi y veiller specialement, selon l'exigence des cas, & même d'estre exclus du service.

III.

IL sera tenu par l'Ecrivain, dans un registre journal, des estats distincts & particuliers de la consommation des vivres & boissons reçus à l'armement ; de celle des vivres qui seront pris par supplement pendant la campagne; comme aussi de la consommation des rafraichissemens pour les malades, embarquez primitivement, ou suppléez.

IV.

LE Chirurgien-major, & les Officiers-mariniers, seront obligez de rendre compte à l'Ecrivain, ceux-cy journellement, & le Chirurgien-major toutes les semaines, des consommations qu'ils auront faites des choses concernant leur profession, dont ils auront esté chargez par inventaires. Il

H iij

arreftera chaque compte qui luy fera rendu, purement & fim-
plement s'il le trouve en regle, ou aux referves, en tout
autre cas, qu'il eftimera convenables : Et il portera fur fon
regiftre journal exactement, & fous la date de l'arrefté de
chaque compte, toutes les differentes confommations qui fe
feront pendant le voyage.

V.

LE Capitaine aura une particuliere attention à ce que le
regiftre journal de l'Ecrivain foit tenu fidellement & en bon
ordre. Il en arreftera tous les comptes à la fin de chaque
mois, à peine de repondre, conjointement avec l'Ecrivain,
en fon propre & privé nom, de tous les évenemens qui
pourroient en refulter.

TITRE XXI.

De ce qui fera obfervé à l'égard des malades.

ARTICLE PREMIER.

TOUT Capitaine aura foin, à l'arrivée de fon vaiffeau
en quelque lieu de relafche, ou au lieu de fa deftination,
de faire mettre à terre, avec le Chirurgien, tous les Officiers-
mariniers, Matelots & Soldats, qui fe trouveront attaquez
de maladie ; & de leur faire fournir du bord, ou adminiftrer
d'ailleurs, s'il eft neceffaire, par le miniftere des Confeils des
lieux, ou des perfonnes qui y feront prépofées en chef à la
direction des affaires de la Compagnie, tous les fecours dont
ils auront befoin pour leur guerifon, indépendamment des
logemens & autres commoditez pour leur fejour à terre.

II.

DANS le cas que quelque Officier-major fe trouvaft
obligé de quitter le vaiffeau pour caufe de maladie, ce qu'il
ne pourra faire toutefois fans la permiffion par écrit du

Capitaine, il fera tenu de s'adreffer aux Confeils des lieux, ou à ceux qui y feront prépofez en chef à la direction des affaires de la Compagnie; lefquels, fur la permiffion par écrit du Capitaine, & l'atteftation du Chirurgien-major, & de l'Aumofnier du bord, fe chargeront de luy procurer un logement, & tous les fecours extraordinaires en medicamens & rafraichiffemens que le vaiffeau ne pourra fournir, & dont le malade aura befoin.

I I I.

LES Confeils des lieux, ou les perfonnes qui y feront prépofées en chef à la direction des affaires de la Compagnie, ne font authorifez aux dépenfes extraordinaires des maladies, que pour le temps feulement qu'elles paroiftront indifpenfables ; & elles cefferont entierement du jour que, fuivant l'atteftation du Chirurgien-major, les malades feront en convalefcence & en eftat de fortir de leur chambre.

I V.

IL ne fera alloüé aucunes dépenfes pour caufes de maladie, que les eftats n'en foient accompagnez des permiffions & atteftations cy-deffus, & autres pieces juftificatives, & qu'ils ne foient fignez tant de ceux prépofez en chef à la direction du commerce, & des affaires de la Compagnie, que des Capitaines, premiers Lieutenans, Ecrivains & Chirurgiens-majors des vaiffeaux.

V.

TOUTE autre dépenfe faite à l'occafion des maladies des Officiers & autres perfonnes du bord, fans ordre des Confeils, ou de ceux qui feront prépofez en chef aux affaires de la Compagnie, fera & demeurera pour le compte des Officiers, & autres, à l'occafion defquels elles auront efté faites ; & ils feront en outre exclus du fervice, s'il arrive que les Juges des lieux ordonnent que le payement s'en faffe par les agens ou correfpondans de la Compagnie.

TITRE XXII.

Des Inventaires des morts.

ARTICLE PREMIER.

IL fera fait un inventaire des effets appartenant à ceux qui viendront à mourir pendant le cours de la campagne. Tout ce qui fe fera trouvé, foit en nature de differens effets, foit en argent, fera dépofé dans un coffre, & remis à la garde de l'Ecrivain, fur fon reçû, en conféquence du procès-verbal de dépoft, qui en fera dreffé & figné du Capitaine & des autres Officiers du bord; dans lequel procès-verbal, les quantitez & qualitez de chaque chofe, feront exactement détaillées. Pourra néantmoins eftre procedé à la vente des hardes & effets, en la maniere accoûtumée, à la charge pareillement du dépoft de l'argent qui en proviendra.

II.

IL eft expreffement deffendu aux Capitaines, de fe fervir de l'argent provenant des inventaires des morts; hors dans le cas, que faute de fecours affez prompts & indifpenfables, il leur fera permis de fe fervir du produit des inventaires, après néantmoins avoir juftifié de la neceffité, par un procès-verbal figné d'eux, des autres Officiers du bord, & de l'Ecrivain.

III.

IL eft enjoint aux Capitaines de la premiere navigation de faire remettre par les Ecrivains, à la caiffe du premier lieu où les Vaiffeaux toucheront, foit Pondichery, Bengale, Moka, Mahé, l'ifle de Bourbon ou celle de France, le produit total des inventaires des gens de l'équipage qui mourront pendant le cours de la campagne, avec copie des procès-verbaux de vente en bonne & dûë forme: & pour juftifier par les Ecrivains, à leur retour, de ce qui fera dû par la

Compagnie

Compagnie des Indes à la fucceffion de chacun des morts, ils auront l'attention de rapporter des recepiffez des caiffiers à qui la remife des deniers aura efté faite, lefquels recepiffez feront vifez de la perfonne qui fera en chaque lieu prépofée à la direction du commerce de la Compagnie.

TITRE XXIII.

De diverfes Œconomies.

ARTICLE PREMIER.

IL ne fera fait aucune confommation inutile de poudre à canon; & à l'exception de ce qui en fera confommé pour les faluts accouftumez & abfolument indifpenfables, il eft expreffement deffendu aux Capitaines d'en diffiper en autres faluts, ni à l'occafion des vifites qu'ils recevront à bord, ou de feftes de table : il fera dreffé des procès-verbaux motivez des confommations ; autrement les Capitaines feront tenus d'en payer la valeur, à cent pour cent au deffus du prix d'achat en France.

II.

IL leur eft très-expreffement ordonné d'avoir foin de faire mettre en fagot, & non autrement, toutes les futailles à eau qu'on fera obligé de démonter pendant le cours du voyage : comme auffi de veiller à la confervation de tout ce qui peut eftre mis à part pour en faire ufage, comme planches & tous uftenfiles, ou autres chofes dont les inventaires feront chargez, & dont les confommations n'auront pas efté conftatées, fous peine, en cas de contravention, tant de la part des Capitaines, que de ceux qui en auront figné les inventaires, d'en payer par égale portion la perte & le dommage, au quadruple de la valeur.

I

III.

FAIT la Compagnie très-expresses deffenses aux Capitaines d'apporter aucun changement, soit en ajoustant ou diminuant, à ce qui aura esté reglé & arresté par le Directeur commandant au port de l'Orient, pour les logemens, chambres & cloisons des vaisseaux, & notamment pour les soutes de fond de cale; ni de faire aucuns ouvrages, comme de hausser des teugues, prolonger des galeries, ouvrir des fenestres, & autres, sous peine de faire remettre à leurs frais les choses en leur premier estat, de plus grande s'il y échet, & en outre d'estre exclus du service. Il est enjoint, sous la même peine, à l'Ecrivain & au Maistre de chaque vaisseau, de tenir la main à ce qu'il n'y soit contrevenu ; de faire à cet effet aux Capitaines toutes representations necessaires, & de justifier de les avoir faites, en s'adressant au même effet, dans le cas de quelque contravention de leur part, au Conseil establi, ou aux personnes préposées en chef à la direction des affaires de la Compagnie, dans le lieu où le vaisseau se trouvera, ou dans le premier où il devra toucher: En consequence de quoy, il sera pourvû par le Conseil ou les préposez en chef, à ce que les Capitaines se conforment en ce point aux deffenses prescrites par la Compagnie.

TITRE XXIV.

De la route, des relasches & de differentes précautions à prendre.

ARTICLE PREMIER.

LA Compagnie prescrira aux Capitaines de ses vaisseaux la route qu'ils devront tenir, & leurs relasches, soit en allant aux lieux de leur destination, soit pour leur retour: Ils ne pourront s'écarter des ordres qu'ils auront reçûs à cet égard, que par des évenemens imprevûs & extraordinaires; & faute par eux de rapporter des procès-verbaux en bonne forme, & sur l'avis de tous les Officiers du bord qui les signeront conjointement avec le premier Pilote, qui sera necessairement consulté pour justifier de la necessité du changement de la route ou du relasche, ils demeureront responsables de ce qui pourroit en résulter, & seront en outre exclus du service: Se reservant au surplus la Compagnie, de juger de la validité ou de l'invalidité des motifs inserez dans les procès-verbaux, pour décider en consequence du parti qu'elle devra prendre au sujet des autres Officiers du bord.

I I.

LES Conseils des lieux, ou les personnes préposées en chef dans les Indes ou ailleurs, ne pourront qu'en des cas pareillement imprévûs & extraordinaires, & d'une necessité indispensable, & qu'en observant la formalité des procès-verbaux, dressez conjointement & signez par les Capitaines & les premier & second Lieutenans, & de leur avis, rien déterminer de contraire aux instructions des Capitaines touchant le temps de la partance des vaisseaux pour leur retour, & la route qui aura esté prescrite par la Compagnie.

I I I.

IL est ordonné aux Capitaines de se rendre aux lieux de leur destination, & de revenir pareillement à droiture en France, sans pouvoir relascher en aucuns cas, pour quelque raison, ni sur quelque ordre que ce puisse estre, aux lieux interdits & deffendus nommément dans les instructions de la Compagnie, sous peine d'estre exclus du service, & de demeurer responsables des évenemens en leur propre & privé nom.

I V.

TOUT vaisseau de la premiere navigation ne pourra relascher aux Isles Françoises de l'Amerique, pendant le cours de sa campagne, qu'en consequence d'un procès-verbal en

bonne & dûë forme. Les motifs en feront difcutez & examinez au lieu du relafche, par les perfonnes qui y feront
prépofées à la direction, l'agence ou la correfpondance des
affaires de la Compagnie : Il en fera fait un nouvel examen
au retour par la Compagnie, à l'effet duquel les dépofitions
des gens de l'équipage feront entenduës par le Directeur
commandant dans le port de l'Orient, ou par ceux qu'il y
commettra : & à moins qu'il n'apparoiffe du rifque évident
de la perte du vaiffeau par quelque cas forcé, fortune de
mer, ou autre évenement, tout ce qui fera dû au Capitaine,
& à tous autres qui auront figné le procès-verbal de relafche, foit en appointemens ou pour raifon de leur port-
permis en capital & benefice pour cette campagne, fera
& demeurera confifqué au profit de la Compagnie : Et
outre l'exclufion du fervice, qui fera prononcée contre eux,
ils feront pourfuivis jufqu'à jugement définitif, en repara-
tion du tort & dommage que le relafche aura pû caufer.

V.

Tout Capitaine ne reftera dans les lieux de chaque
relafche, que le temps neceffaire pour y faire fon eau & fon
bois, y prendre des vivres, & rafraichir fon équipage; fi ce
n'eft que le délay du départ ne devinft indifpenfable & fans
aucun rifque pour la fûreté de la navigation, ce qui fera
conftaté par un procès-verbal en forme, figné du Capitaine
& de tous les Officiers du vaiffeau.

V I.

Il eft fait des deffenfes très expreffes aux Capitaines, d'atta-
quer aucun vaiffeau Maure ou Bâtiment Chinois, ni d'exiger
de ceux qui les commanderont, lorfqu'ils viennent moüiller
auprès des vaiffeaux de la Compagnie, de les faluer & venir
à leur bord, l'intention de la Compagnie eftant que les
vaiffeaux Maures & Chinois joüiffent d'une pleine & entiere liberté.

VII.

La Compagnie donnera à ſes Capitaines les ordres convenables, ſuivant les circonſtances des temps, au ſujet les vaiſſeaux d'Europe, auxquels ils feront tenus de ſe conformer, ſans que les Conſeils des lieux, ou ceux qui y feront prépoſez en chef à la direction des affaires de la Compagnie, puiſſent eſtre authoriſez à y rien changer.

VIII.

Tout Capitaine aura une attention particuliere à tenir es factures, connoiſſemens, ordres, depeſches, & autres papiers dont il ſera chargé, dans un endroit de ſon vaiſſeau, l'où il puiſſe, en cas de neceſſité urgente, les jetter à la ner avec un boulet.

TITRE XXV.

Du Deſarmement des vaiſſeaux.

ARTICLE PREMIER.

Lorsque le Capitaine ſera de retour au port de l'Orient pour deſarmer, il ne quittera point ſon vaiſſeau que e deſarmement n'en ait eſté fait entierement. Il en fera vérifier les inventaires, ſous les ordres du Directeur commandant dans le port, & en ſa preſence, ou en celle des perſonnes qui feront de ſa part prépoſées à cet effet ; & il arreſtera & ſignera l'eſtat des conſommations qui auront eſté faites ſur ſon bord pendant la campagne.

II.

Aussi-tost que le vaiſſeau ſera moüillé en rade du port où il devra deſarmer, l'Ecrivain retirera la clef du coffre de chirurgie, qu'il remettra au Directeur commandant dans le port, avec l'eſtat de ce qui aura eſté conſommé, lequel eſtat il ſera tenu de certifier.

III.

Il fera rendre compte, lors du defarmement, aux Officiers-mariniers, des chofes dont ils auront efté chargez. Il fera reprefenter, pour l'execution du prefent article, les inventaires de ce qui aura efté délivré à chacun d'eux lors de l'armement, & les eftats des confommations qui en auront efté faites, & qu'il aura dû arrefter & figner pendant le cours de la campagne : Il conferera le tout, en leur prefence, avec les regiftres qu'il aura dû tenir, relativement aux inventaires & aux confommations ; il fera, en confequence, dreffer des eftats diftincts & feparez des chofes de chaque nature, que chacun des Officiers-mariniers rapportera, & de celles qui pourront manquer fans reprefenter des procès-verbaux qui en conftatent la perte : Et faute par luy d'en faire referve, en fignant l'arrefté du compte où le vuide fe fera trouvé, & d'en avertir le Commandant dans le port pour tenir la main à ce que le tort fe repare, & que les coupables, foit par negligence, diffipation ou autrement, foient punis par le payement du quadruple de la valeur, & même de plus grande peine, felon l'exigence des cas, il encourra la même punition, & en outre fera exclu du fervice.

IV.

Dans la confection de ces eftats ou inventaires, il aura une attention finguliere que le détail en foit circonftancié de maniere que tout y foit diftingué en ce qui fera actuellement en eftat de fervir, en ce qui n'exigera qu'une dépenfe raifonnable pour eftre reftitué en pareil eftat, en ce qui ne fervant point eft fujet à déperir, & enfin en ce qui fe trouvera entierement hors de fervice ; afin que le Directeur commandant dans le port, à qui ces inventaires fignez de chaque Officier-marinier, & vifez par l'Ecrivain doivent eftre remis, donne en confequence les ordres les plus convenables aux interefts de la Compagnie.

V.

Néantmoins, quant aux agrez, apparaux, rechanges, & generalement toutes autres chofes femblables, ils feront dépofez avec des étiquettes fur chaque piece, dans un magafin particulier, ou, jufqu'à ce qu'il y en ait d'eftablis, dans la place qui fera affignée à chaque vaiffeau dans le magafin general, à l'effet qu'il ne puiffe en eftre rien diftrait pour l'armement & la garniture d'un autre vaiffeau.

V I.

L'Écrivain rendra compte luy-même au Directeur commandant dans le port de l'Orient, ou aux perfonnes par luy prépofées, & luy fournira des inventaires en la forme cy-deffus, de tout ce qui luy aura efté delivré à l'armement pour eftre fpecialement fous fa garde.

V I I.

Toutes les fonctions de l'Écrivain au defarmement, à l'occafion tant des comptes qu'il doit faire rendre, que de ceux qu'il doit rendre luy-même, feront exercées par luy, en prefence du Capitaine, du premier Lieutenant ou de quelqu'un des principaux Officiers du vaiffeau, conjointement avec les perfonnes qui feront à ce prépofées par le Directeur commandant dans le port.

V I I I.

Il eft expreffement enjoint à l'Écrivain, de prefenter dans les vingt-quatre heures après que le vaiffeau fera entré dans le port de l'Orient, au Directeur de la Compagnie qui y commandera, tous les procès-verbaux qui auront efté faits pendant le cours de la campagne; faute de quoy, &

paſſé lequel temps, il ne luy en ſera alloüé aucun, lors de la reddition de ſes comptes.

IX.

IL ne ſera paſſé à l'E'crivain aucune dépenſe pour le vaiſſeau pendant le cours de la campagne, que l'eſtat n'en ſoit arreſté par le Capitaine, & viſé des Conſeils, ou des perſonnes prépoſées en chef à la direction des affaires de la Compagnie, dans les lieux pour leſquels le vaiſſeau aura eſté deſtiné.

X.

L'E'CRIVAIN ſera tenu de remettre, dans le terme de huit jours, à compter du jour de l'arrivée du vaiſſeau, au Directeur commandant dans le port, ou aux perſonnes par luy prépoſées, le rolle en forme de l'équipage, par lequel ce qui eſt dû pour ſalaires demeure conſtaté.

X I.

LES comptes de chaque vaiſſeau ſeront arreſtez en conſequence de l'examen qui en ſera fait ſur les regiſtres generaux & particuliers de l'E'crivain, & autres pieces juſtificatives des dépenſes & conſommations. Et le tout ſera dépoſé aux archives de la Compagnie, au port de l'Orient.

TITRE XXVI.

Des Regiſtres à tenir par l'E'crivain, & des Procès-verbaux.

ARTICLE PREMIER.

TOUS les regiſtres, qui doivent eſtre tenus par les E'crivains des vaiſſeaux, & les regiſtres des Chirurgiens-majors, ſeront cottez & paraphez par le Directeur commandant au port de l'Orient.

II.

TOUS procès-verbaux qui feront ordonnez, ou qui pourront eſtre faits pendant le cours de la campagne, feront enregiſtrez par l'Eſcrivain, fuivant l'ordre des dates & fans laiſſer aucun blanc fur un regiſtre ainſi cotté & paraphé : Et tous ceux qui ne s'y trouveront point inſcrits, ou qui y feront portez hors du rang de leur date, feront rejettez comme de nulle valeur lors de la reddition des comptes au defarmement.

III.

TOUS les procès-verbaux qui feront faits à terre ou à la mer, feront dreſſez par l'Eſcrivain, en preſence, (ſi c'eſt à terre, & que ce foit dans le lieu de la deſtination du vaiſſeau, ou dans quelque lieu de relaſche où la Compagnie ait un eſtabliſſement, des Agens, ou des Correſpondans) tant du Capitaine, & autres Officiers-majors, que des principaux employez, ou des agens & correſpondans de la Compagnie, qui feront tenus d'y affiſter & de les ſigner, conjointement avec l'Eſcrivain, à moins d'un empeſchement legitime de leur part, ou pour autres cauſes imprévûës, dont il fera fait mention par l'Eſcrivain, pour y avoir tel égard que de raiſon. Que ſi c'eſt à la mer, ou à terre en quelque lieu où la Compagnie n'ait ni eſtabliſſement, ni agens, ni correſpondans, les procès-verbaux feront dreſſez par l'Eſcrivain en preſence du Capitaine, des Officiers de quart, de l'Aumoſnier, du Chirurgien, & du Maiſtre du navire, qui feront tenus aux meſmes formalitez qui viennent d'eſtre preſcrites : & en outre, le Capitaine en ce dernier cas, fera tenu de faire repreſenter par l'Eſcrivain les procès-verbaux qui auront eſté faits à la mer, aux principaux Employez de la Compagnie dans le premier lieu où le vaiſſeau abordera, afin de les leur faire viſer; fans leſquelles formalitez ordonnées dans ces differentes circonſtances, les procès-verbaux feront rejettez, comme de nulle valeur, lors de la reddition des comptes au defarmement.

K

TITRE XXVII.

Des Connoissemens.

ARTICLE PREMIER.

TOus les connoissemens des marchandises & effets qui composeront le chargement des vaisseaux expediez, soit de France pour les Indes & autres lieux, ou des Indes & autres lieux pour France, seront signez quadruples par le Capitaine, le premier Lieutenant & l'Ecrivain de chaque vaisseau ; pour estre deux de ces connoissemens adressez au Directeur commandant dans le port de l'Orient, ou à ceux qui doivent recevoir les marchandises & effets dans les lieux pour lesquels ils seront destinez, l'un des deux autres devant rester entre les mains des personnes qui auront fait le chargement, & le Capitaine devant estre porteur de l'autre.

II.

Au moyen de la remise qui sera faite des marchandises & effets chargez sur les vaisseaux de la Compagnie aux lieux de leur destination, & de l'endossement des connoissemens, signé du Directeur commandant au port de l'Orient, ou des personnes ausquelles les connoissemens seront adressez, le Capitaine, le premier Lieutenant & l'Ecrivain, en demeureront bien & valablement déchargez.

III.

Que si le chargement des vaisseaux consiste en Noirs, il en sera usé de même pour la confection & la décharge des connoissemens. Mais en outre le Capitaine sera tenu de rapporter en France des procès-verbaux par ordre de dates, des pertes qu'il aura faites sur sa cargaison, pendant son voyage, du lieu de la Traite des Noirs au lieu de leur destination, & au surplus un certificat conforme aux instructions particulieres de la Compagnie, qui constate la remise qu'il aura faite de Noirs vivans aux Conseils des lieux, ou aux personnes qui y seront préposées en chef à la direction des affaires de la Compagnie.

TITRE XXVIII.

Du Commerce illicite, divers reglemens au même sujet.

ARTICLE PREMIER.

AU moyen des conditions portées par les articles III. & VII. du Titre VI. autres articles I. VIII. & IX. du Titre VII. & articles II. III. IV. & V. du Titre VIII. du present reglement, touchant les appointemens dans la premiere & dans la seconde navigation, & les autres avantages accordez aux Officiers des vaisseaux, & aux équipages dans la premiere, & des gratifications qui seront accordées dans la seconde, aucun Officier-major des vaisseaux, tant de la premiere que de la seconde navigation, Enseigne surnumeraire, Enseigne *ad honores*, Écrivain, Aumosnier, Chirurgien-major, Officier-marinier, & non marinier, Matelot, Soldat, passager, ou autre, ne pourra directement ni indirectement acheter aucunes marchandises aux Indes ni à la Chine, ni faire aucun commerce, tant à la Chine & aux Indes, que dans tous autres lieux pour lesquels les vaisseaux seront destinez, soit pour son compte particulier, ou pour celuy de qui que ce soit, sous quelque pretexte ou raison que ce puisse estre, à peine de confiscation des marchandises, & de tous effets provenant de ce commerce, ensemble de son port-permis en capital & benefice, s'il est dans le cas de ceux à qui la Compagnie des Indes en accorde, de ce qui aura esté employé sur sa demande à la Chine ou dans les Indes, en choses à son usage, & d'appointemens, gages ou salaires qui pourront luy eftre dûs pour raifon de fa derniere campagne; le tout au profit de la Compagnie des Indes. Et en outre, fi c'eft un Officier, ou autre perfonne de l'Eftat-major, un Maiftre ou premier Pilote, qui foit tombé en contravention, il fera & demeurera pour toûjours exclus du fervice.

II.

TOUT Capitaine, premier Lieutenant, & Ecrivain, contre lequel il pourra eftre prouvé d'avoir favorifé, ou même toleré (pouvant & devant s'y oppofer comme la Compagnie le leur ordonne) l'embarquement par qui que ce foit, d'aucunes boiffons ou marchandifes d'Europe, ou d'Efclaves, vivres & marchandifes de la Chine, des Indes ou d'ailleurs, en un mot d'autres effets que ceux appartenant à la Compagnie des Indes, où portez par les articles I. VIII. & IX. du Titre VII. du prefent reglement, fera tenu de payer le quadruple de la valeur de ce qui aura efté embarqué en contravention, & fera en outre exclus du fervice : & tout ce qui aura efté embarqué en contravention, fera faifi & confifqué au profit de la Compagnie des Indes.

III.

ENCOURRA la même peine du payement du quadruple de la valeur, & de l'exclufion du fervice, tout Maiftre ou autre prépofé à l'arrimage du vaiffeau, qui aura favorifé ou toleré l'introduction & le chargement de quelque effet en contravention.

IV.

DEFFEND la Compagnie à fes Capitaines, fous peine d'eftre exclus du fervice, de laiffer débarquer aux lieux de leurs relafches, en faifant leur retour en France, aucuns effets, marchandifes, ou autres chofes, qui, fuivant les factures de chargement, ne feront pas deftinez pour ces lieux de relafche.

V.

SERONT faifis & confifquez au profit de la Compagnie

des Indes, tous effets & marchandifes, qui ne fe trouveront point compris dans les factures & connoiffemens des vaiffeaux, ou fur les eftats particuliers mentionnez aux articles VIII. & IX. du Titre VII. du prefent reglement.

VI.

IL ne pourra eftre porté fur ces eftats particuliers, pour le compte des Officiers & équipages, que ce qui eft preferit, fuivant les mêmes articles du Titre VII. & tous autres effets & marchandifes feront reputez en contravention, quand même ils feroient énoncez & articulez, foit dans ces eftats particuliers, ou dans les factures generales & connoiffemens generaux; & comme tels, feront & demeureront confifquez au profit de la Compagnie des Indes.

VII.

IL ne partira aucun vaiffeau de la Compagnie des Indes, foit de France pour les Indes ou ailleurs, foit des lieux où il aura fait un relafche, ou de ceux de fa deftination d'où il fera expedié pour fon retour en France, qu'il ne foit fait par ordre du Directeur commandant au port de l'Orient, ou par celuy des Confeils, Gouverneurs, Directeurs generaux, chefs des comptoirs, ou autres prépofez à la direction des affaires, une derniere vifite à bord du vaiffeau, du canot & de la chalouppe, avec le plus d'exactitude qu'il fe pourra; après laquelle le Capitaine ne pourra recevoir, que fur les mêmes ordres, aucun baftiment ni chalouppe à bord, fous peine d'exclufion du fervice: Les vaiffeaux de la Compagnie feront, indépendamment de cette derniere vifite, affujettis à toutes celles qui pourront y eftre faites en tout autre temps fur des ordres femblables. Il en fera neceffairement ordonné à l'arrivée des vaiffeaux, & avant leur déchargement aux lieux de leurs relafches; & à l'arrivée pareillement des vaiffeaux aux lieux de leur deftination, & tant avant leur déchargement des marchandifes apportées d'Europe, qu'avant que de les recharger d'aucunes marchandises pour leur retour, pour y saisir & confisquer les effets en contravention qui pourront s'y trouver. Un ou deux Conseillers ou Employez, accompagnez d'un détachement de Soldats, seront préposez à ces visites; assisteront à la reception ou à l'embarquement des marchandises d'envoy & de retour; & seront tenus de demeurer sur le vaisseau, jusqu'à ce qu'il soit entierement déchargé, ou qu'ayant reçû son chargement en entier, il n'attende que le moment de mettre à la voile: auxquelles differentes visites il est fait des deffenses très expresses aux Capitaines ou Officiers subalternes, d'apporter ni de souffrir qu'on apporte aucun empeschement; quiconque y aura contrevenu, devant estre & demeurer pour toûjours exclus du service.

V I I I.

LA Compagnie des Indes accordera par gratification la moitié du produit net de la vente des marchandises & effets en contravention, qui seront saisis & confisquez à son profit, aux principaux employez préposez aux saisies, & aux commis saisissans, en cas qu'il n'y ait point de dénonciation des marchandises & effets embarquez en contravention ; & le montant de cette moitié leur sera payé, suivant la repartition qui en sera dressée & arrestée par les Syndics & Directeurs de la Compagnie.

I X.

QUE si la saisie ne se fait qu'en consequence d'une dénonciation des marchandises & effets embarquez en contravention, la gratification que la Compagnie leur accordera sur les marchandises & effets saisis & confisquez à son profit, sera reduite au tiers du produit net de la vente, & en sera accordé & payé un autre tiers au dénonciateur.

X.

LE cas arrivant qu'il y eût plusieurs dénonciateurs d'une même contravention, le tiers accordé par la Compagnie sera payé au premier qui se sera presenté pour en donner

connoiſſance; ſur quoy, ſans compromettre le premier
dénonciateur, feront adminiſtrez aux autres tous éclairciſ-
femens neceſſaires.

X I.

SERA auſſi accordée & payée la gratification du tiers
du produit net, à toute perſonne qui, eſtant parcitipe ou
complice de la contravention, en quelque maniere que ce
puiſſe eſtre, en fera ſa declaration avant tout autre dénonciateur; & luy feront remiſes les peines qu'elle aura encouruës,
tant dans le cas d'une premiere dénonciation, que même
dans celuy d'une dénonciation poſtérieure, pourvû qu'il
n'eût pas encore eſté procedé à la ſaiſie des marchandiſes &
effets en contravention.

X I I.

LES mêmes gratifications portées dans les trois precedens
articles, feront accordées dans les mêmes cas à tous dénonciateurs qui auront procuré aux Indes ou ailleurs, des ſaiſies
& confiſcations au profit de la Compagnie, de marchandiſes & effets chargez en contravention ſur ſes vaiſſeaux; &
elles leur feront payées à leur retour en France, conformément à l'eſtat particulier qui en ſera envoyé à la Compagnie.

X I I I.

CEUX qui auront quelque dénonciation à faire au ſujet
de marchandiſes & effets chargez en contravention, s'adreſ-
feront en France au Directeur commandant au port de
l'Orient, & dans les Indes ou ailleurs, aux Gouverneurs,
Directeurs generaux, chefs des comptoirs, ou autres prépoſez en chef à la direction des affaires de la Compagnie, ou
à leur deffaut aux perſonnes qu'ils chargeront de faire les
viſites cy-deſſus à bord des vaiſſeaux. Et le ſecret le plus
inviolable eſt recommandé ſur les noms de ceux, quels qu'ils
puiſſent eſtre, qui feront aſſez attachez à la Compagnie
pour l'avertir des malverſations qui intereſſeront ſon commerce.

XIV.

Tous les Capitaines de la premiere ou de la seconde navigation feront afficher au pied du grand maft des vaiffeaux dont ils auront le commandement, une copie de l'Arreft du Confeil d'Eftat du Roy du 6. May 1731. qui fera imprimé à la fuite du prefent reglement; par lequel Arreft Sa Majefté fait deffenfes à toutes perfonnes, de quelque eftat & condition qu'elles foient, de charger, ni faire charger fur les vaiffeaux de la Compagnie des Indes, venant des pays de fes conceffions, ou y allant, aucunes marchandifes ou effets, fans au préalable les avoir fait comprendre dans les factures de chargement, à peine de confifcation à fon profit, & fous les autres peines énoncées aux Edits, Declaration & Lettres patentes de 1664. 1696. 1719. & 1725. Ils auront attention que la copie de cet Arreft foit & demeure affichée au pied du grand maft de leurs vaiffeaux pendant le cours de leurs campagnes, & jufqu'à ce qu'ils foient revenus au port de l'Orient; & il leur eft expreffement enjoint de tenir la main à fon entiere execution.

TITRE XXIX.

Des Vaiffeaux interloppes en particulier, & en general des Prifes.

ARTICLE PREMIER.

En cas de rencontre dans les lieux concedez à la Compagnie des Indes, de quelque vaiffeau interloppe, François ou autre, le Capitaine fe comportera, fous peine d'eftre exclus du fervice, fuivant les inftructions particulieres qu'il recevra de la Compagnie à ce fujet.

I I.

EN cas de prife de quelque vaiffeau interloppe, le Capitaine aura attention à faire fermer & fceller les écoutilles, les coffres, les armoires & les chambres, par l'E'crivain, & à prendre conjointement avec luy toutes les autres précautions neceffaires pour empefcher qu'il n'en foit rien détourné, pillé, ni enlevé. L'E'crivain dreffera un inventaire de la prife, en forme de procès-verbal, que le Capitaine, les Officiers-majors, l'Aumofnier, le Chirurgien & le Maiftre, figneront conjointement avec luy, & qui fera prefenté, pour eftre vifé, aux perfonnes prépofées en chef à la direction des affaires de la Compagnie dans le lieu où la prife fera amenée.

I I I.

LA prife eftant confifquée au profit de la Compagnie des Indes, elle accordera aux Capitaine, Officiers & équipage du vaiffeau qui l'aura faite, une gratification proportionnée au quart de la valeur du produit net de la confifcation, fuivant l'eftimation qu'elle fe referve d'en faire; pour eftre le montant de cette gratification, reparti en la maniere qui fera dite cy-après.

I V.

QUANT à toutes autres prifes de vaiffeaux & marchandifes fur les ennemis de l'Eftat, forbans & autres, par les vaiffeaux de la Compagnie des Indes, à l'égard defquelles elle entend que les Capitaines fe conforment, fous peine d'exclufion du fervice, & en outre d'eftre refponfables des évenemens, aux ordres & inftructions qu'elle leur donnera fuivant les circonftances; & leur enjoint au furplus, l'execution des formalitez portées par le premier & le fecond article du prefent titre; & celle, autant qu'il fera poffible, de ce qui eft prefcrit par l'Ordonnance de 1689. La Compagnie fe propofe d'y faire participer les Capitaines, Officiers & équipages de fes vaiffeaux, & de leur accorder le *dixieme* fur toutes ; lequel *dixieme* fera pris fur ce qui en proviendra, tous frais de juftice, dépenfes pour parvenir à la vente des marchandifes, ou pour les conferver, & le *dixieme* appartenant à Monfeigneur l'Amiral, déduits, fuivant la liquidation qui en fera faite.

V.

LE montant, foit des gratifications, foit du dixieme, énoncez dans les deux precedens articles, fera diftribué, fçavoir, un quart au Capitaine, ou à celuy qui a fon défaut aura le commandement du vaiffeau : Et fur les trois autres quarts, moitié aux Lieutenans, Enfeignes, E'crivain, Aumofnier, Chirurgien-major, Maiftre, premier Pilote, & Maiftre-Canonnier; & l'autre moitié aux Officiers-mariniers reftans, Eleves-Pilotins, Matelots, Soldats & autres gens de l'équipage, fuivant les repartitions cy-après.

Dans la moitié appartenant à l'Eftat-Major, & à quelques-uns des principaux Officiers-mariniers, le premier Lieutenant aura *cinq parts* ; le fecond Lieutenant *trois parts*; le premier Enfeigne *une part & demie* ; le fecond Enfeigne *une part* ; l'Enfeigne furnumeraire *une demi-part* ; l'Enfeigne *ad honores un quart de part* ; l'E'crivain *une part* ; & l'Aumofnier, le Chirurgien-major, comme auffi le Maiftre, le premier Pilote, & le Maiftre-Canonnier, chacun *trois quarts de part*, ce qui fera en tout *feize parts;* fauf une augmentation ou une diminution proportionnée, dans le cas de quelque Officier de plus ou de moins dans l'Eftat-Major d'un vaiffeau de la premiere navigation.

Et s'il s'agit d'un vaiffeau de la feconde navigation, le premier Lieutenant aura *cinq parts* ; le fecond Lieutenant *trois parts* ; l'Enfeigne & E'crivain *une part & demie* ; l'Enfeigne furnumeraire *une demi-part* ; & l'Aumofnier, le Chirurgien-major, le Maiftre, le premier Pilote, & le Maiftre-Canonnier, chacun *une part*, ce qui fera en tout *quinze parts*, fauf l'augmentation ou la diminution cy-deffus.

A l'égard de la moitié appartenant au reste des gens de l'équipage, dont le partage sera fait d'une maniere uniforme en l'une & en l'autre navigation ; tous Maistres-Charpentiers, Maistres-Calfats, Maistres-Voiliers, Contre-maistres, Bossemans, seconds Pilotes, & Capitaines-d'armes, auront chacun *trois parts*; tous autres Officiers-mariniers, ainsi que tous Aides-Chirurgiens, Aides-Canonniers ou Armuriers, chacun *deux parts* ; & tous Eleves-Pilotins, Matelots, Soldats & autres gens de l'équipage, chacun *une part*, à l'exception des Mousses & des Valets, qui n'auront *qu'une demi-part* : & l'estat de distribution en sera arresté par la Compagnie des Indes.

TITRE XXX. & dernier
De quelques Reglemens generaux.
ARTICLE PREMIER

LEs copies des Journaux de navigation, que les Capitaines, premiers Lieutenans, autres Officiers, & premiers Pilotes, seront tenus, au retour de chaque voyage, de remettre au port de l'Orient, avec les copies des Cartes & Plans qu'ils auront pû lever, seront déposées aux archives du port : & chaque Capitaine, comme aussi chaque premier Pilote, sera en outre tenu de remettre, quinze jours au plustard après le desarmement du vaisseau, le double des mêmes cartes & plans, au département de la Marine de la Compagnie à Paris, avec un extrait de son journal, & un memoire sur ce qu'il aura remarqué, tendant à rectifier ou perfectionner la navigation ; pour estre le tout déposé aux archives.

I I.
TOUT ce qui est prescrit par le present reglement, pour

eftre executé au port de l'Orient lors de l'armement & du defarmement des vaiffeaux de la Compagnie des Indes, fera obfervé exactement dans tous les autres ports à l'égard des mêmes vaiffeaux, par les Officiers de fa Marine, fous les ordres du commiffionnaire, ou de telle autre perfonne qui la reprefentera.

III.

LE prefent Reglement fera imprimé : Il en fera délivré un exemplaire à tous Capitaines, Lieutenans, Enfeignes & Ecrivains de la Marine de la Compagnie des Indes ; & chacun d'eux, en recevant l'exemplaire de ce reglement, fera fa foûmiffion de s'y conformer, en ces termes :

JE fouffigné, eftant au fervice de la Compagnie des Indes, en qualité de (il marquera en quelle qualité) dans fa premiere navigation, (ou bien) dans fa feconde navigation, reconnois avoir entre les mains un exemplaire du reglement touchant la Marine de ladite Compagnie, du 16. Septembre 1733. & me foûmets à l'executer en tout fon contenu, aux conditions y énoncées. La même foûmiffion fera renouvellée par eux toutes les fois qu'ils feront nommez dans la fuite, pour fervir fur les vaiffeaux de la Compagnie ; & ils la feront en ces termes : *Je fouffigné, nommé fur le (on marquera le nom du Vaiffeau, de la Fregate, ou du Baftiment) de la premiere navigation, (ou bien) de la feconde navigation de la Compagnie des Indes, pour y fervir en qualité de (on défignera en quelle qualité) reconnois avoir entre les mains un exemplaire du Reglement touchant la Marine de ladite Compagnie du 16. Septembre 1733. & me foûmets à l'executer en tout fon contenu, aux conditions y énoncées.*

IV.

SERONT notifiez aux Officiers-mariniers, & à tous autres dont les équipages des vaiffeaux de la Compagnie font compfez, les articles du prefent reglement qui les concernent : à cet effet, il en fera fait lecture par l'Ecrivain, à haute & intelligible voix, en prefence du Capitaine & des autres Officiers du bord, tant avant que le vaiffeau parte de France, qu'avant fon arrivée au lieu de fa deftination , & fon départ de ce lieu pour fon retour : & ils feront en outre, & demeureront affichez au pied du grand maft, pendant le cours de la campagne.

V.

Tous les Brevets d'entretien, qui ont efté cy-devant délivrez aux Officiers de la Marine de la Compagnie des Indes, feront, à compter du premier Mars 1734. & demeureront nuls & de nul effet à l'égard de ceux qui font actuellement en France. Fait la Compagnie de très expreffes deffenfes de leur faire, paffé le même premier jour de Mars, aucun payement pour raifon des brevets d'une date antérieure au feize de ce prefent mois de Septembre, mais feulement pour raifon & en confequence des nouveaux brevets qui feront delivrez : à l'effet de quoy, (& d'ailleurs fous peine d'eftre exclus du fervice) elle leur ordonne de remettre les anciens Brevets au département de la Marine à Paris, avant la fin du mois d'Avril de la prochaine année mil fept cens trente-quatre. Et à l'égard des Officiers qui font actuellement à la mer, tous anciens Brevets ne vaudront que jufqu'au jour du retour en France, des vaiffeaux fur lefquels ils auront efté embarquez : chacun d'eux fera tenu, fous la même peine d'exclufion du fervice, de remettre fon ancien Brevet au même département, dans le courant d'un mois, à compter de ce jour : Et cet ordre leur fera notifié à leur arrivée, par le Directeur de la Compagnie commandant dans le port de l'Orient.

V I.

Tous reglemens qui peuvent avoir efté faits antérieurement par la Compagnie des Indes, au fujet d'une partie des mêmes chofes, qui font la matiere du prefent reglement, feront à l'avenir & demeureront nuls, de nul effet, & comme non avenus ; à l'exception de ceux qui y font rappellez, lefquels fortiront leur pleine execution, aux termes & en la forme qu'ils y font modifiez & énoncez. Seront néantmoins tous reglemens antérieurs obfervez & executez pour une derniere fois feulement, par tous Capitaines, Officiers des vaiffeaux, & autres, qui eftant actuellement à la mer, fe font embarquez avec foûmiffion de leur part de s'y conformer.

V I I. *& dernier article.*

Au furplus, le Directeur de la Compagnie des Indes commandant au port de l'Orient, & toutes perfonnes compofant les Confeils de la même Compagnie, ou qui font ou feront prépofées en chef à la direction, à l'agence ou à la correfpondance de fon commerce & de fes affaires aux Indes, à la Chine, ou ailleurs, tiendront la main, chacun en ce qui peut le regarder, à l'execution de ce prefent reglement.

FAIT & arrefté à Paris, en l'affemblée d'adminiftration tenuë en prefence de Monfeigneur le Controlleur general des finances, le feizieme jour de Septembre de la prefente année mil fept cens trente-trois.

ARREST

ARREST DU CONSEIL D'ESTAT DU ROY,

Qui fait deffenses à toutes personnes, de quelque estat & condition qu'elles soient, de charger ni faire charger sur les Vaisseaux de la Compagnie des Indes, venant des pays de ses concessions, ou y allant, aucunes marchandises ou effets, sans au prealable les avoir fait comprendre dans les factures du chargement, &c.

Du 6. May 1731.

Extrait des Registres du Conseil d'Estat.

LE ROY s'estant fait representer, en son Conseil, la Declaration du mois d'Aoust 1664. pour l'establissement d'une Compagnie de commerce dans les Indes Orientales ; par laquelle il est dit, Article XXVII. que ladite Compagnie pourra naviguer & negocier seule à l'exclusion de tous autres sujets, depuis le Cap de bonne Esperance, jusques dans toutes les Indes, avec deffenses à toutes personnes d'y faire la navigation & commerce, à peine de confiscation des vaisseaux, armes, munitions & marchandises, applicable au profit de ladive Compagnie : les Lettres patentes du mois de Mars 1696. pour l'establissement d'une nouvelle Compagnie Royale du Senegal, Cap-Verd & Coste d'Afrique, dont l'article VIII. contient de pareilles deffenses & peines, & en outre une amende de trois mille livres : l'Edit du mois de May 1719. de réünion des Compagnies des Indes Orientales & de la Chine, à celle d'Occident, nommée depuis & qualifiée Compagnie des Indes : & l'Edit du mois de Juin 1725. qui confirme tous les privileges accordez à la Compagnie des Indes : Et Sa Majesté estant informée qu'au prejudice de ces privileges & deffenses, on embarque frauduleusement dans les vaisseaux de la Compagnie des Indes, venant des pays de ses concessions, plusieurs marchandises & effets, sans les avoir fait comprendre dans les factures du chargement ; ce qui forme une contravention qui rend lesdites marchandises & effets sujets à confiscation ; surquoy Sa Majesté voulant faire connoistre plus particulierement ses intentions. Oüy le Rapport du Sieur Orry Conseiller d'Estat, & ordinaire au Conseil Royal, Controlleur general des finances, LE ROY ESTANT EN SON CONSEIL, a ordonné & ordonne que les Edits, Declaration & Lettres patentes qui accordent à la Compagnie des Indes le privilege du commerce exclusif dans les pays de ses concessions, feront executez selon leur forme & teneur : Fait Sa Majesté deffenses à toutes personnes de quelque estat & condition qu'elles soient, de charger ni faire charger sur les vaisseaux de la Compagnie des Indes, venant desdits pays, ou y allant, aucunes marchandises ni effets, sans au préalable les avoir fait comprendre dans les factures du chargement, à peine de confiscation à son profit, & sous les autres peines énoncées ausdits Edits, Declaration & Lettres patentes de concession : Permet à ladite Compagnie des Indes de commettre telle personne qu'elle jugera à propos, pour en faire la perquisition & saisie sur ses vaisseaux, soit à leur départ de France, soit à leur arrivée des pays de ses concessions ; & ensuite de les faire vendre à son profit, sans qu'elle soit tenuë d'en faire autrement juger ni prononcer la confiscation : sur le prix de la vente desquelles marchandises & effets, elle pourra accorder, tant aux commis qu'aux dénonciateurs, une gratification convenable. N'entend néantmoins Sa Majesté, oster à l'adjudicataire de ses fermes generales-unies, ainsi qu'à celuy de la ferme du privilege de la vente exclusive du tabac, la faculté de faire faire par leurs commis la visite dans les vaisseaux de la Compagnie des Indes, & d'y saisir concurremment avec ceux qu'elle aura préposez, & ce au nom, pour le compte & au profit de ladite Compagnie, tous les effets & marchandises qui y ayant esté frauduleusement chargez, ne se trouveront pas compris dans les factures du chargement ; & d'en dresser Procès-verbal à bord des vaisseaux, contenant la description des choses saisies, qui sera signé tant par les préposez de la Compagnie des Indes, que par les employez des fermes ; pour lesdits effets & marchandises, après avoir esté mis en ballots, & par eux cachetez, estre envoyez par acquit à caution, mis & déposez dans les magasins de ladite Compagnie des Indes, sous les clefs tant de ses commis que de l'Inspecteur des Manufactures estrangeres, & des commis desdites fermes, jusqu'à ce qu'elle en fasse faire la vente. Et sera le present Arrest lû, publié & affiché par tout où besoin sera, afin que personne n'en ignore. FAIT au Conseil d'Estat du Roy, Sa Majesté y estant, tenu à Marly le sixieme jour de May mil sept cens trente-un. *Signé* PHELYPEAUX.

www.ingramcontent.com/pod-product-compliance
Lightning Source LLC
Chambersburg PA
CBHW052037270326
41931CB00012B/2523